板書で見る 全単元・全時間の授業のすべて

算数

小学校 4年 下

田中博史 監修
大野桂 編著
筑波大学附属小学校算数部 企画・編集

東洋館
出版社

算数好きを増やしたいと願う教師のために
―プロの授業人集団の叡智を結集した『板書で見る全単元・全時間の授業のすべて』―

　子どもたちに楽しい算数の授業を届けたいと願う，全国の算数授業人の同志から叡智を集めて，算数の板書シリーズの下巻をここに完成させることができました。

　上巻の2年から6年については，算数授業の達人と称される面々に一冊丸ごと執筆してもらいました。2年山本良和，3年夏坂哲志，4年大野桂，5年盛山隆雄（ここまで筑波大学附属小学校），そして6年は尾﨑正彦（関西大学初等部）の各先生です。

　いずれも個性派ぞろいで，力強い提案性あふれる作品を仕上げてくださいました。

　1年については田中博史が監修し，中田寿幸，森本隆史（ここまで筑波大学附属小学校），小松信哉（福島大学），永田美奈子（雙葉小学校）の各先生の共同執筆で制作しました。

　これは複数のメンバーの叡智を集めて構成する下巻の見本となるようにと考えた試みでした。お陰様でいずれの巻も読者の先生方の厚い支持をいただくことができ，発売してすぐに重版することになりました。この場を借りて深くお礼を申し上げる次第です。

　さて，冒頭でも述べたように，下巻の各学年のシリーズは全国の先生方の参加をいただいてつくり上げました。それぞれ，全国算数授業研究会をはじめとする諸団体で活躍されている面々です。

　ある先生に尋ねると，日々の授業づくりでも，この板書の形式でプランを立てることがとても多いのだそうです。研究授業などでは，指導案の形式でプランを立てるのだけど，それと比較すると板書形式で計画を立てるときは，細かな子どもとのやり取りまでを想起することになるため，表組みの指導案だけのときでは気が付かないこともたくさんあるとのこと。

　これこそが，まさしく，我々が板書形式の本をつくろうと思い立った理由の一つでもあるのです。

　最初に提示する問題は，どのぐらいのスペースを使って書くと子どもから見やすいのだろうか。子どもがそれをノートに書き写すとしたら，どのぐらいの長さで改行するといいのだろうか。さらにどこまで一気に書き，どこで待つのか。

　問題文を書くという行為のところだけでも，ずいぶん考えることがたくさんあることに改めて気が付くと思います。

　さらに，子どもたち一人ひとりの問題への取り組みを見つめていると，途中で教師が課題を整理したり，子ども自身に書かせるためのスペースを意識したりと全体のレイアウトにも配慮をしておくことが必要になります。

　この場面では，こんな子どものつぶやきが欲しいなと思って，それを吹き出しの形式で書き込んでみると，実はその直前の自分の問いかけでは，そんな声は期待できないなと改めて自分の発問の不備にも気が付く瞬間があります。

一枚の板書に自分の実現したい授業をイメージして投影することで，板書には表れていない教師と子どもの対話もこうして具体的に想起することができる。この教師の地道な準備こそ，多岐にわたる子どもに対応できる力につながるものだと考えるのです。

　つまり本来は，板書によるプランづくりから各先生に体験していただくのが理想です。

　しかし，全ての先生が算数を専門にしていらっしゃるわけではありません。日々8教科の準備に慌ただしく取り組まなくてはならない先生方がゼロから準備するのでは大変でしょう。ですから本書に示した板書形式による授業プランを，まずはサンプルとして使っていただければいいと考えます。

　ここには，実力ある算数教師の足跡が残されていますので，もちろんあるときはそっくりそのまま試してみるだけでも価値があります。でも，書かれている子どもの姿とのずれを感じることもきっとあるでしょう。そのときはそれを本書のそのページに書き込んでおきましょう。またあるときは，目前の子どもに合わせてアレンジし直して使ってみることもできます。

　本書の板書のページに自分のクラスの子どものつぶやきなど，想定できるものを赤字で書き込んでみたり，提示の順番の入れ替えを矢印で書き込んでみたり，さらには予想される子どもの反応を加筆したり削除したり……。

　こうすることによって，読者の先生方のクラスの子どもの実態により即したものへと変容させることができます。試してみて，やはり元通りがよかったと思えば青いペンで書き込んでおくとか，変えた方がうまくいったなと思ったらそれを赤字で強くマークしておくとか……。このたくさんの書き込みあふれる全単元・全時間の丸ごと一冊の記録を，後輩に引き継いでいくと，本当の意味での算数授業のデータベースづくりになります。

　私たちがこの板書シリーズを作成したときのもう一つの目的は，実はこの優れた授業プランのデータベース化でした。1時間だけではなく全時間がそろっていることの大きな価値です。それも表組みではなく，ビジュアルな形式での蓄積がなされれば，役に立つと考えたのです。それぞれの学校の教師の叡智あふれる一冊が続々と誕生していけば，今求められている各校独自のカリキュラム・マネジメントが実現できる教師力の向上にもきっと寄与することでしょう。

　本書が日々の授業づくりに役立つだけではなく，明日の，さらには来年のよりよい授業づくりの構築へとつながっていくものになればこんなに素晴らしいことはありません。

　最後に，本シリーズの企画から完成までの日々をずっと支え続けていただいた東洋館出版社の畑中潤氏，石川夏樹氏には心より深く感謝申し上げる次第です。

令和2年7月

板書シリーズ算数　総合企画監修

「授業・人」塾　代表　田中　博史

前筑波大学附属小学校副校長・前全国算数授業研究会会長

算数好きを増やしたいと願う教師のために

板書で見る
全単元・全時間の授業のすべて
算数 4年下

目 次

本書活用のポイント

　本書は読者の先生方が，日々の授業を行うときに，そのまま開いて教卓の上に置いて使えるようにと考えて作成されたものです。1年間の算数授業の全単元・全時間の授業について，板書のイメージを中心に，展開例などを見開きで構成しています。各項目における活用のポイントは次のとおりです。

題　名

　本時で行う内容を分かりやすく紹介しています。

目　標

　本時の目標を端的に記述しています。

本時の板書例

　45分の授業の流れが一目で分かるように構成されています。単なる知識や技能の習得のためだけではなく，数学的な見方・考え方の育成の視点からつくられており，活動の中でのめあての変化や，それに対する見方・考え方の変化，さらには友達との考え方の比較なども書かれています。

　また，吹き出しは本時の数学的な見方・考え方につながる子どもの言葉となっており，これをもとに授業を展開していくと効果的です。

授業の流れ

　授業をどのように展開していくのかを，4～5コマに分けて紹介しています。

　学習活動のステップとなるメインの吹き出しは，子どもが主体的になったり，数学的な見方・考え方を引き出すための発問，または子どもの言葉となっており，その下に各留意点や手立てを記述しています。

　青字のところは，授業をうまく展開するためのポイントとなっています。予想される子どもの発言例は，イラストにして掲載しています。

本時案 授業DVD

同じ広さと言えるかな？①

1/11

本時の目標
・1mの柵で囲いをつくり，その広さ比べをする活動を通して，単位正方形の存在に気付き，それを用いれば広さを数値で表現できることが分かる。

授業の流れ

1 どんな大きさの囲いができそう？

まわりの長さが18mの囲い

まわりの長さは18mだから，つくる囲いは，どれも同じ広さになりそうかな？

ならないと思う。いろいろな広さの囲いができそう

　「面積」の導入授業である。1mの柵を用いて様々な広さの囲いをつくる活動を通して，その広さの違いに着目し，1m²の存在を見いだしていく。まずは，「どんな囲いをつくっても，まわりの長さは18mだから広さは同じになるのか」を問い，「いろいろな広さの囲いができそう」という気付きを引き出し，囲いづくりの活動へと展開していく。

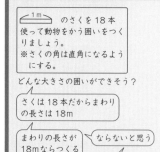

　1mの柵を18本使って動物をかう囲いをつくりましょう。※さくの角は直角になるようにする。

どんな大きさの囲いができそう？

さくは18本だからまわりの長さは18m

まわりの長さが18mならつくる囲いは，どれも同じひろさになるかな？

ならないと思う

いろいろなひろさの囲いができそう

2 「一番狭い」と思う囲いをつくってみよう

一番狭いってことは，どれも同じ広さでしょ。でもそうは見えないなぁ

　子どもに自由につくらせれば，上のような形の異なる図が表現されることが想定される。そこから，「一番狭いなら，形は違うが同じ広さなのか？」という問いをもたせる。

3 形が違うのに，どうして同じ広さと言えるの？

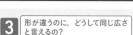
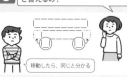

移動したら，同じと分かる

　「移動して同じ形にする」という発想が生まれることが想定される。この発想を取り上げ，「同じ形にできる」ということを押さえる。その際に，移動した単位正方形の存在に注視できるように板書する。

同じ広さと言えるかな？①
090

実際の板書

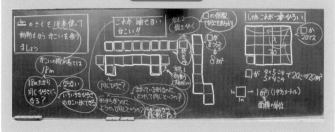

本時の評価

・1mの柵で囲いをつくり，その広さ比べをする活動を通して，単位
　正方形の存在に気付くことができたか。
・単位正方形を用いれば，広さを数値で表現できることに気付くことができたか。
・単位正方形を1m²ということを理解することができたか。

準備物

・10cmの棒（提示用）

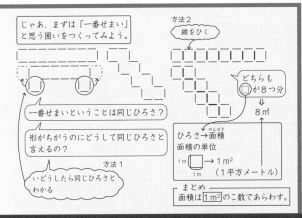

4 線を引けば，同じ広さと分かる

　線を引いて□の個数で広さを表現するという発想も子どもから出ると想定される。この発想を取り上げ，どれも「□8個分」の広さであることを押さえ，その際に，□1つ分の広さを1m²と言うことを指導する。

まとめ 面積は，□（1m²）の
個数で表す

　一連の学習の流れを子どもとともに確認しながら，単位正方形の個数に着目すれば広さを数値化できることを押さえ，それを1m²と言うことを再度確認し，まとめとして板書するようにする。

第1時
091

評　価

　本時の評価について1〜3項目に分けて記述しています。

準備物

　本時で必要な教具及び掲示物等を記載しています。

まとめ

　本時の学習内容で大切なところを解説しています。授業の終末，あるいはその途中で子どもから引き出したい考えとなります。

特典DVD

　具体的な授業のイメージをより実感できるように，実際の授業を収録したDVD（1時間分）がついています（本書は左の事例）。

単元冒頭頁

　各単元の冒頭には，「単元の目標」「評価規準」「指導計画」を記載した頁があります。右側の頁には，単元の「基礎・基本」と育てたい「数学的な見方・考え方」についての解説を掲載。さらには，取り入れたい「数学的活動」についても触れています。

本書活用のポイント
009

本書の単元配列／4年下

単元（時間）		指導内容	時間
9 小数，小数の たし算とひき算 (10)	第1次 第2次 第3次	小数の表し方 小数の仕組み 小数のたし算とひき算	3時間 3時間 4時間
10 式と計算 (6)	第1次 第2次 第3次	式に表す 計算の順序 計算のきまり	1時間 2時間 3時間
11 分数 (8)	第1次 第2次 第3次	分数の表し方 分数の大きさ 分数のたし算とひき算	4時間 1時間 3時間
12 変わり方 (6)	第1次 第2次	変わり方にきまりがあることに気付く 変わり方を表や式やグラフに表して問題解決をする	1時間 5時間
13 面積 (11)	第1次 第2次 第3次	広さの表し方と単位面積 $1\,m^2$ 長方形と正方形の面積と単位面積 $1\,cm^2$ 面積の単位の関係と様々な形の面積	3時間 3時間 5時間
14 小数のかけ算・ わり算 (13)	第1次 第2次 第3次	小数のかけ算 小数のわり算 小数の倍	4時間 7時間 2時間
15 立方体・直方体 (9)	第1次 第2次 第3次	直方体と立方体の概念 直方体と立方体の構成要素とその位置関係 位置の表し方	5時間 2時間 2時間

I

第4学年の
授業づくりのポイント

第4学年の授業づくりのポイント

1 第4学年下巻の内容

第4学年の下巻に収められている内容は，以下の7単元である。

> 9 小数，小数のたし算とひき算　10 式と計算　11 分数　12 変わり方
> 13 面積　14 小数のかけ算・わり算　15 立方体・直方体

これらの単元に関する内容を，学習指導要領をもとに概観すると次のようになる。

〈数と計算〉

9 小数，小数のたし算とひき算

○小数とその加法及び減法についての理解を深める。

・小数（$\frac{1}{100}$の位や$\frac{1}{1000}$の位）が整数と同じ仕組み（十進位取り記数法）で表されていることを知るとともに，数の相対的な大きさについての理解を深めること。

・$\frac{1}{100}$の位までの小数の加法及び減法の計算ができること。

・数の表し方の仕組みや数を構成する単位に着目し，計算の仕方を考えるとともに，それを日常生活に生かすこと。

10 式と計算

○数量の関係を表す式について理解し，式を用いることができるようにする。

・四則の混合した式や（　）を用いた式について理解し，計算の順序に従い正しく計算すること。

○四則に関して成り立つ性質についての理解を深める。

・交換法則，結合法則，分配法則についてまとめ，□や△などの記号を用いて一般化して表すことで理解を深めること。

・交換法則，結合法則，分配法則を活用して計算を工夫し，簡単に実行すること。

11 分数

○分数についての理解を深めるとともに，同分母分数の加法及び減法の意味について理解し，それらの計算ができるようにする。

・簡単な場合について，大きさの等しい分数があることを知ること。

・同分母の分数の加法及び減法の計算ができること。

・数を構成する単位に着目し，大きさの等しい分数を探したり，計算の仕方を考えたりするとともに，それを日常生活に生かすこと。

14 小数のかけ算・わり算

○乗数や除数が整数である場合の小数の乗法及び除法の計算の仕方を考え，それらの計算ができるようにする。

・ある量の何倍かを表すのに小数を用いることを知ること。

・数の表し方の仕組みや数を構成する単位に着目し，計算の仕方を考えるとともに，それを日常生活に生かすこと。

〈図形〉

13 面積

○面積について単位と測定の意味を理解し，面積を計算によって求めることができるようにする。

・面積の単位（平方センチメートル（cm²），平方メートル（m²），平方キロメートル（km²））について知ること。

・正方形及び長方形の面積の計算による求め方について理解すること。

・面積の単位や図形を構成する要素に着目し，図形の面積の求め方を考えるとともに，面積の単位とこれまでに学習した単位との関係を考察すること。

15 立方体・直方体

○立体図形についての観察や操作などの活動を通して，立体図形について理解できるようにする。

・立方体，直方体について知ること。

・直方体に関連して，直線や平面の平行や垂直の関係について理解すること。

・見取図，展開図について知ること。

・図形を構成する要素及びそれらの位置関係に着目し，立体図形の平面上での表現や構成の仕方を考察し図形の性質を見いだすとともに，日常の事象を図形の性質から捉え直すこと。

〈変化と関係〉

12 変わり方

○伴って変わる2つの数量の関係を表したり調べたりすることができるようにする。

・伴って変わる2つの数量を見いだして，それらの関係に着目し，表や式を用いて変化や対応の特徴を考察すること。

2 「単元の基礎・基本と見方・考え方」について

1 では，それぞれの単元の学習内容について記したが，各単元における「単元の基礎・基本と見方・考え方」の詳細については，それぞれの単元の冒頭の見開きページ右に記述している。

例えば，単元「面積」では，次のように記述してある（p.89を参照）。

〈図形の見方と面積〉

正方形と長方形の面積の求め方を学習した後に，長方形（正方形）を組み合わせた複合図形の求積を行う。ここで大切なことは，図形の見方を働かせて長方形や正方形に帰着させることである。そのためには，「埋める・切る・移動する・合わせる」といったアイデアを自ら想起し，柔軟に活用できなければならない。

しかしながら，アイデアを想起するのが困難な子どもは少なくない。そこで，第11時では，正方形が3つ組み合わさったような複合図形を扱うことで，多様なアイデアを想起しやすくなるようにしたのである。

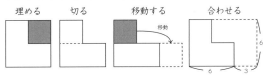

ここで記述した内容は，筑波大学附属小学校算数教育研究部編著，「初等教育学 算数科基礎基本講座―子どもの実態に合った算数授業のための84講座―」（東洋館出版社，2019）（以降，「算数科基礎基本講座」と呼ぶ）を引用・参考したものである。

　「算数科基礎基本講座」では，算数科の全指導内容を振り返り，基礎・基本として大事にしなければならない内容を84の項目に絞って提案している。その内容は，筑波大学附属小学校算数研究部教員が，小学校現場で目の前にいる子どもたちと日々の算数授業を行いながら授業者として実践研究を継続的に積み上げてきた事実と，その授業研究の継続によって得た，子どもの具体的な発達特性や認知特性から見える授業づくりの基礎・基本が記されている。「算数科基礎基本講座」についても，ぜひお手に取り，ご一読いただければ幸いである。

3 本書に見る，数学的活動の具体例

〈本書の特徴〉：全単元，算数を「発見・創造」する過程を重視した授業

　本書で示した授業内容は，そのどれもが「子どもが算数を発見・創造する」ことを目的とした数学的活動に重点を置いて記されている。「発見・創造」を学習過程で捉えると，「発見」とは「子どもたちの純粋で多様な発想から未知の事柄やきまりを見つける」，「創造」とは「子どもたちの既知の素朴な方法や考えをより洗練された形式的な方法や考えへと創り上げていく」ということである。

　そして何より，こうした「発見と創造」を重視した数学的活動によって，子どもたちによりよい算数学習観が育まれるとともに，算数の内容理解を促進し，さらには数学的な見方・考え方を身に付けさせることができると考えている。

　そのことからも，本書に示した授業の最大の特徴として，単元の導入授業から2〜3時間（単元によって異なる）は，1授業1内容の単発の授業ではなく，学習内容が「発見・創造」されていき，子どもが単元の本質をつかむことができるまでの連続授業として構成されていることが挙げられる。

　その連続授業の例を，13 面積　9 小数，小数のたし算とひき算とで以下に示す。

13 面積

　「面積」では，第1時〜3時の3時間が，面積を求めることの意味と方法を創造していく過程を重視した連続授業となっている（その意図と詳細については，p90〜95を参照）。

〈第1時：操作活動から単位正方形の存在を発見する〉

　1mの柵で囲いをつくり，その広さ比べをする活動を通して，単位正方形の存在に気付き，それを用いれば広さを数値で表現できることを見いだす。

　なお，この授業の様子は付録のDVDに収録されているのでご覧いただきたい。

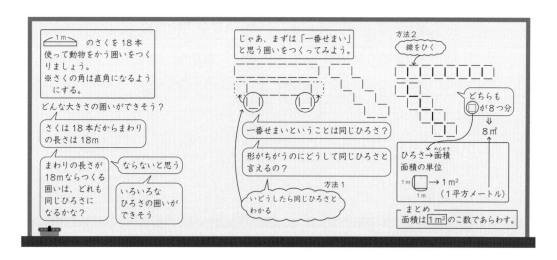

〈第2時：単位正方形の個数を縦×横で求めることができることを見いだす〉

　長方形を線で仕切ることで1m²の単位正方形を自ら見いだし，その単位正方形の個数を縦×横で求めることができることを発見する。

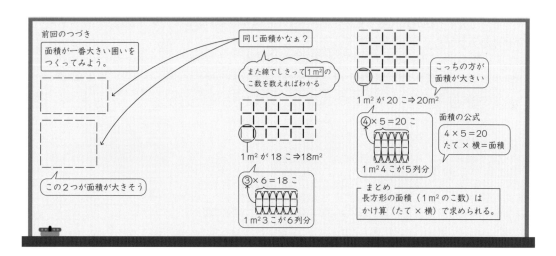

〈第3時：等周の形でも面積が異なることを発見する〉

　18本の柵でつくった囲いをへこませていくことで，等周の形でも面積が異なることを理解していく。

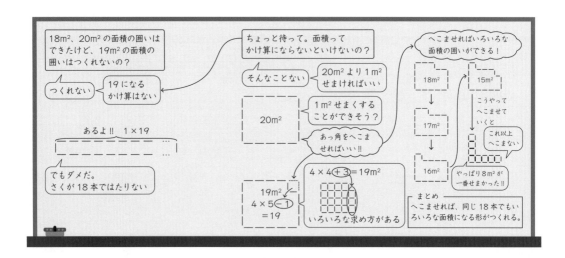

9　小数，小数のたし算とひき算

　「小数，小数のたし算とひき算」では，第7時・第8時の2時間が，小数の加法の仕方を創造していくことを重視した連続授業となっている（その意図と詳細については，p34〜37を参照）。

〈第7時：位取り記数法の考えで加法を行えばよいことを見いだす〉

　簡単な加法である理由を説明する活動を通して，桁数が同じ加法は，位取り記数法の考えを用いれば簡単に加法が行えることを見いだす。

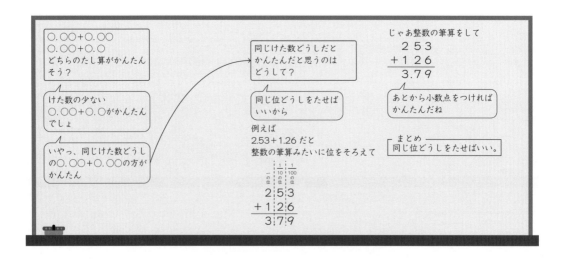

〈第8時：数の相対的な見方を活用すれば整数で計算できることを発見する〉

　前時の流れから，桁数が異なる小数の加法が間違えやすい理由を説明する活動を通して，数の相対的な見方を活用すれば，整数に直して簡単に加法が行えることを発見する。

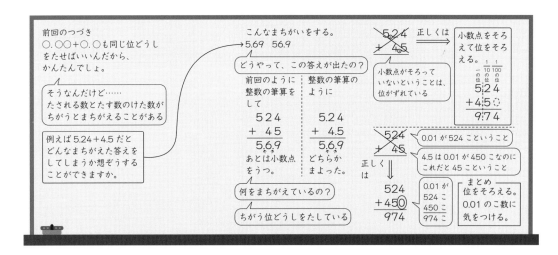

　この他にも，すべての単元が「発見・創造」を重視した授業構成となっている。ぜひ，子どもと算数を「発見・創造」することを楽しんでいただければ幸いである。

Ⅱ

第4学年の算数
全単元・全時間の板書

9 小数，小数のたし算とひき算 （10時間扱い）

単元の目標

　小数の意味や表し方を理解し，加法及び減法の計算ができるようにする。その際，十進位取り記数法をもとに，端数の表し方や計算の仕方を考え，図や言葉を用いて数学的に表現できるようにする。

評価規準

知識・技能	$\frac{1}{100}$の位，$\frac{1}{1000}$の位の小数の表し方や仕組みについて理解し，それらを活用して加法・減法の計算をすることができる。
思考・判断・表現	十進位取り記数法の仕組み，数の相対的な大きさ，数を構成する単位に着目し，小数の表し方や仕組み，加法・減法の計算の仕方について考え，説明している。
主体的に学習に取り組む態度	$\frac{1}{1000}$の位までの小数の仕組みも，整数と同様に十進位取り記数法から構成されていることが分かり，統合的に理解をすることができる。また，その仕組みをもとにして，小数の加法・減法の仕方について進んで考え，説明しようとしている。

指導計画　全10時間

次	時	主な学習活動
第1次 小数の表し方	1	小数は十進位取り記数法で構成されていることに気付き，0.1を10等分することで小数第二位の存在を見いだす。
	2	単位を換算する活動を通して，$\frac{1}{10}$の位，$\frac{1}{100}$の位の用い方を，数直線などを用いて確実に理解できるようにする。
	3	単位換算する活動を通して，$\frac{1}{100}$の位より小さい位の必要性に気付き，類推的に$\frac{1}{1000}$の位を見いだす。
第2次 小数の仕組み	4	10倍，100倍の意味を，「位が左にずれる」と見いだし，理解する。
	5	0.1，0.01，0.001の大きさを表す活動を通して，数の大きさについての理解を深め，10倍，100倍という位間の関係を明らかにする。
	6	小数の構成について考える活動を通して，位取り記数法の見方や数の相対的な大きさの見方を理解する。
第3次 小数のたし算とひき算	7	「○.○○＋○.○○の方が簡単」という理由を考える活動を通して，位取り記数法の考えで加法を行えばよいことを見いだす。
	8	「○.○○＋○.○」は間違えやすい理由を考える活動を通して，位取り記数法の考えで加法を行うことや，数の相対的な見方を活用すれば整数で計算できることを見いだす。
	9	間違えやすいひき算である理由を考える活動を通して，位取り記数法の考えで加法を行うことや，数の相対的な見方を活用すれば整数で計算できることを見いだす。
	10	6を6.00と考えることで，空位がある場合にも，既習である繰り下がりのあるひき算と同様の仕方で計算すればよいことを見いだす。

単元の基礎・基本と見方・考え方

　第4学年では、小数が整数と同じ十進位取り記数法の仕組みで表されていること、$\frac{1}{100}$や$\frac{1}{1000}$などを単位とした小数を用いることで$\frac{1}{10}$の単位に満たない大きさを表せること、$\frac{1}{100}$や$\frac{1}{1000}$などを単位とした小数の加法・減法を行うことについて学習する。

　小数を導入するにあたって大切なことは、「小数で表すことの必要感」と「十進位取り記数法への気付き」である。本実践で言えば、「$\frac{1}{10}$の単位の半分を5を用いて表さなければならない状況」を仕組むことで、子どもたちが$\frac{1}{100}$を単位とした数が必要であるということに気付き、主体的に小数で表現していく活動が展開されるということである。このような数学的活動を行っていくことが、よりよく小数を理解すること、つまり知識としての小数だけではなく、活用できる小数の理解へとつながる。

(1)小数が整数と同じの仕組みで表されていることを理解する

　小数の学習で大切なことは、小数の仕組みは整数と同じように、十進位取り記数法が用いられていることを理解することである。つまり、ある位について、左の数は10倍の単位を表しており、右の数は$\frac{1}{10}$の単位を表しているということである。

　この十進位取り記数法の仕組みを理解しておくと、小数の大小比較をするときや、計算の仕方を考える際に、整数の場合と関連付けて、同じように考えられることに気付くことができる。

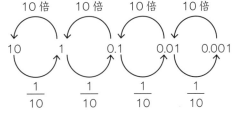

(2)数を相対的な大きさで捉える

　整数において、「100は1が100個集まった数、10が10個集まった数」などと、数を相対的な大きさで捉える学習は行ってきている。第6時で扱っているが、小数においても、「2.53は1が2個、0.1が5個、0.01が3個集まった数」と位取り記数法の考えを見いだすだけでなく、「2.53を0.01が253個集まった数」と数を相対的な大きさで捉えることができるようになることが、小数の意味についての理解を深める上で大切であり、小数の計算の仕方を考える際にも有効に働くことになるのである。

(3)小数のたし算・ひき算ができる

　小数の加法・減法の仕方を見いだす際には、小数も十進位取り記数法になっていることから、整数の計算の仕方と関連付けて、同じ方法で計算できることを理解させることが大切である。そうすることが、我々が普段用いている数、つまり十進位取り記数法の理解を深めることにつながるのである。

　また、数を相対的な大きさで捉える学習は行ってきているので、数の相対的な見方を活用すれば整数で計算できることに気付かせていくことも、統合的な考え方を養うという意味で大変重要となる。

本時案

半分にすると
何Lかな？

本時の目標

・整数・小数は十進位取り記数法で構成されていることに気付き，同様に0.1についても10等分することで，小数第二位の存在を見いだすことができる。

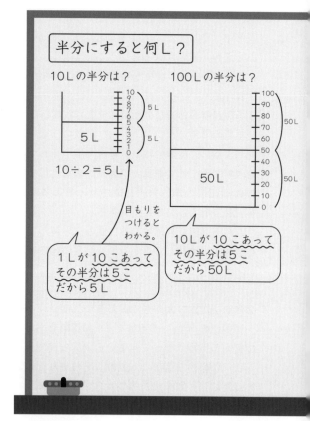

授業の流れ

1 「半分」にすると何Lになる？

10Lの半分は5L。
100Lの半分は50L

どうして，半分には5が
使われているの？

10Lは1Lが10個あって，その
半分が5個だから

　3年時の小数の復習。1を10等分することで小数表現に至ったことの確認から始める。

　まずは，10L, 100Lの液量図を順番に提示し，その半分を5L, 50Lと答えさせ，半分には「5」が使われていることを確認するとともに，その理由を問い，「10Lは1Lが10個ある」といった，単位が10個あり，その半分だから「5個」であることを確認する。

2 1Lの半分は何L？

$\frac{1}{2}$L

1Lの半分には
5は使えないの？

使える。1Lは，0.1Lが10個だから，
その半分の5個分は0.5L

　1Lの半分を問うことで，まずは$\frac{1}{2}$Lを引き出す。ここで，1Lには5が使えないかを問うことで，「1は0.1が10個分」で構成されていることに気付かせ，小数も十進位取り記数法の構成になっていることを確認する。

3 0.1Lの半分にも「5」は使える？

0.1も何かの10個分として
考えることができれば，
5を使うことができる

　これまでの流れで「0.1L」の半分を問う。その際，「0.1Lでも，半分に5が使えないか」と直接的に問う。

　そうすることで，「10個分としてみれば」という，十進位取り記数法の構成にすればよいという発想を引き出し，価値付けする。

本時の評価

・「半分」を表現する際には「5」が用いられることに気付くことができ，その「5」が使われる理由を，整数・小数が十進位取り記数法で構成されていることを根拠に説明することができたか。

・0.1の半分についても5を使うために，0.1を10等分すればよいことに気付くことができ，また，0.1を10等分した1つ分が0.01となり，それが小数第二位となることを理解できたか。

9 小数，小数のたし算とひき算

10 式と計算

11 分数

12 変わり方

13 面積

14 小数のかけ算・わり算

15 立方体・直方体

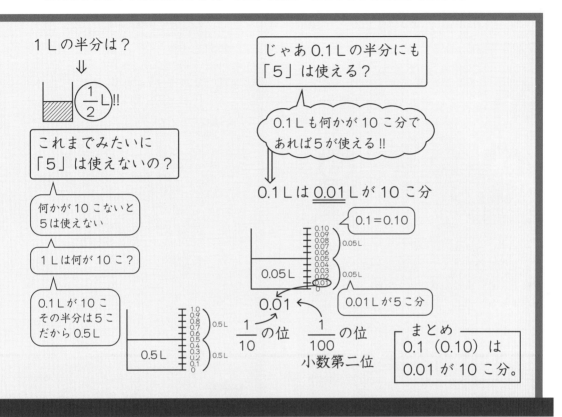

4 0.1Lは0.01Lが10個分です

だったら5は使えるね。0.1の半分は0.01が5個分だから，0.05と言えばいいのかな

最後は教師側から，知識として「0.01」ということを指導する。その際に，「れい点れいいち」という小数の読み方や，「小数第二位」という位の指導も丁寧に行いたい。

まとめ 0.1は0.10。つまり，「0.01が10個分」ということ

本時の学習のねらいは，「0.1Lを10等分すればよい」という，0.1の下位単位も十進位取り記数法で構成すればよいという考え方を，子どもから引き出すことであった。そこで，そのことを，子どもとともに確認しながら，まとめとして表現するようにしたい。

本時案

3776m は
何 km かな？

授業の流れ

1 もし 3 年生が答えるとしたら？

 3 km776m

本時は，小数第二位の使われ方の確認を「長さ」を素材として行うことがねらいとなる。十進位取り記数法を意識させながら，数直線に表現させるなどして，確実に理解させるようにしたい。

富士山の高さ3776mを素材として扱い，まずは，「3 年生なら何と答えるか」を問うことで，776mの部分が km では表現されないことをクローズアップする。

富士山 3776mは何 km ？

もし 3 年生ならなんて答える？

3 km776m

km とmを交ぜてあらわしているけど

「km」だけではあらわすことはできないの？

2 km だけでは表すことができないの？

3 年生はできないけど，私たちはできる

小数を使えばいい

km だけで表現できないかを問うことで，小数を用いて表現すればよいということを引き出す。

3 700mは何 km？

0 0.1 0.2 0.3 0.4 0.5 0.6 0.7 0.8 0.9 1.0km
0 100 200 300 400 500 600 700 800 900 1000m

 1000mが 1 km ということは，100m が0.1km。だから，700m は0.7km

小数第一位の表現なので復習となるが，数直線などを用いて丁寧に確認し，単位換算について確実に理解できるようにしたい。

本時の評価

・単位換算の活動を通して，数直線などを用いて，$\frac{1}{10}$ の位，$\frac{1}{100}$ の位の用い方とその表現方法について，確実に説明できたか。

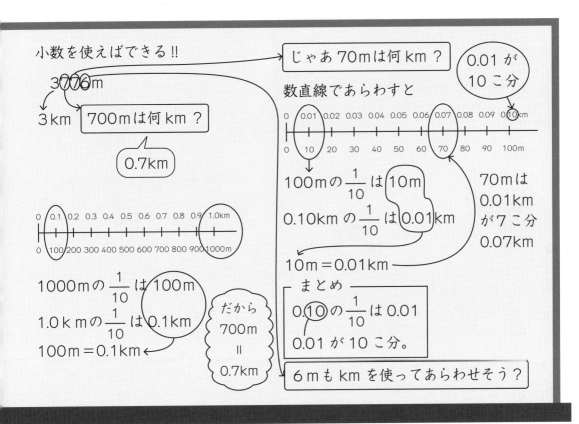

4 じゃあ，70m は何 km？

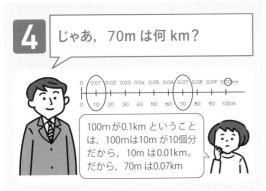

100mが0.1km ということは，100mは10m が10個分だから，10m は0.01km。だから，70m は0.07km

　小数第二位の使われ方の確認である。ここでも前の場面と同様に，数直線などを用いて丁寧に確認し，十進位取り記数法で構成されていることを確実に理解させるようにする。

まとめ 0.10の $\frac{1}{10}$ は0.01

　子どもにとって，単位変換は容易なことではないので，「1 km ＝1000m，1000mの $\frac{1}{10}$ は100m　1 km の $\frac{1}{10}$ は0.1km，よって 100m ＝0.1km」などと，子どもの言葉を大切にしながら丁寧に確認し，まとめるようにする。

本時案

6 mは何km かな？

本時の目標

・単位換算する活動を通して，$\frac{1}{100}$の位より小さい位の必要性に気付き，類推的に$\frac{1}{1000}$の位を見いだすことができる。

授業の流れ

1 6 mは何km？

10mが0.01mだから，それより小さい小数が必要

0.01より小さい小数ってあるの？

本時は，前時の続きで，3776mの6mをkmの単位に直す活動を仕組むことで，$\frac{1}{100}$の位より小さな位を用いなければkmで表し切れない状況に直面させる。そうすることで，子ども自ら，$\frac{1}{10}$，$\frac{1}{100}$の位の経験から，類推的に0.01を$\frac{1}{10}$したものが0.001であるということを見いださせていく。

3776mの6mは何km？

10mが0.01kmだからそれより小さい小数が必要

どうやって0.01より小さい小数にするの？

0.01をまた10等分（$\frac{1}{10}$）すればいい!!

2 0.01より小さい小数がないわけないでしょ

じゃあ，0.01より小さい小数は，どうやって表せばいいの？

0.01が，また何かの10個分と考えればいい

これまでの学習から，「0.01が何かの10個分として考えればよい」と類推させることを大切にして子どもとやり取りをし，小数も十進位取り記数法で構成されることの理解を深める。

3 0.010は0.001が10個分ということです

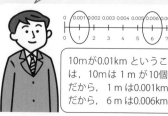

10mが0.01kmということは，10mは1mが10個分だから，1mは0.001km。だから，6mは0.006km

小数第三位を指導する場面である。前回と同様に，数直線を用いて丁寧に確認し，十進位取り記数法で構成されていることを確実に理解させるようにする。

本時の評価

・10mは1mが10個分だから10mを0.0<u>10</u>kmとみることで、1mは0.0<u>01</u>kmと表現できることに気付き、理解することができたか。

・適用問題で、各位ごと何kmになるかを、数直線などを用いて自分で説明することができたか。

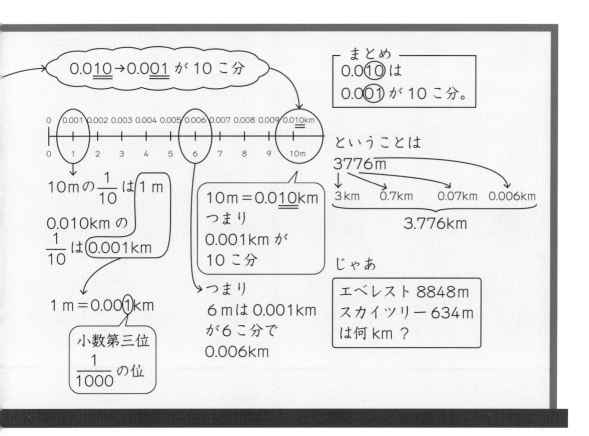

4 エベレストや東京スカイツリーは何km?

エベレストは8848mだから、同じように考えて、8.848kmだ

スカイツリーは634mだから、0.634kmだね

　適用問題に取り組む場面である。ただ答えを出させるのではなく、各位ごとに何kmと表せるのかをペアなどで説明させながら、確実に理解させるようにする。

まとめ 0.0<u>10</u>の $\frac{1}{10}$ は0.001

　「その数を『何かの10個分』としてみれば、下位単位の存在を見いだすことができる」という、十進位取り記数法で小数も構成されていることを、子どもと丁寧に確認しながら、まとめとして表現するようにする。

本時案

10倍してみよう

本時の目標

・10倍, 100倍するということの意味を, 「位が左にずれて上がる」と見いだし, 理解することができる。

授業の流れ

1 10倍するとどうなる?

1桁上がる

例えば, 3だったら0をつけて30になる

10倍, 100倍する活動を通して, 「位が上がる」ことの意味を明らかにしていく学習である。子どもたちは, 整数の学習で, 方法として「10倍は0をつける」ということを身に付けていると思われるが, 小数の場合ではこの方法は使うことができない。そのことをクローズアップしながら, 「10倍すると位が1つ上にずれる」ということを子どもたちに見いださせていくことが本授業のポイントである。

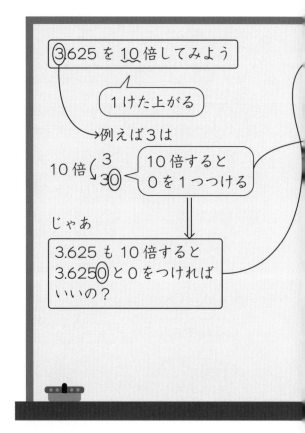

3.625 を 10倍してみよう

1けた上がる

例えば3は

10倍 3 30

10倍すると0を1つつける

じゃあ

3.625 も 10倍すると 3.6250 と0をつければいいの?

2 じゃあ, 3.625も10倍するんだから0をつければいいね

$3.625 = 3.6250000\cdots$

それではだめだ。0をつけても何も変わらない…

前の場面で出た「10倍は0をつける」という子どもの方法を実際にさせてみるように促し, 小数では0をつけても数の大きさは変わらないことを理解させる。

3 3を30にしたのも, 「0をつける」じゃなくて, 何て言えばいいの?

位が1つ上にずれたんだ!!

0は $\frac{1}{10}$ の位からずれてきたのか!!

位の表で表すよう促す。そうすることで「0をつける」のではなく, 「位が1つ上にずれた」ことに気付かせるようにする。

9 小数、小数のたし算と ひき算

10 式と計算

11 分数

12 変わり方

13 面積

14 小数のかけ算・わり算

15 立方体・直方体

本時の評価

・10倍は「0をつける」ということではないことに気付くことができたか。
・10倍，100倍したものを表に表すことで，10倍，100倍するとは「位を左にずらす」ということを見いだし，理解することができたか。

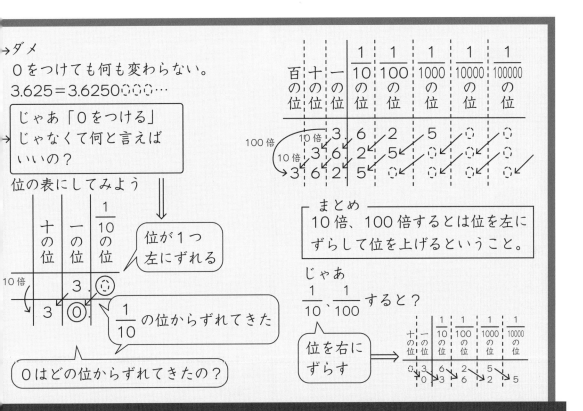

→ダメ
0をつけても何も変わらない。
3.625＝3.6250000…

じゃあ「0をつける」
→じゃなくて何と言えばいいの？

位の表にしてみよう

位が1つ左にずれる

$\frac{1}{10}$の位からずれてきた

0はどの位からずれてきたの？

まとめ
10倍、100倍するとは位を左にずらして位を上げるということ。

じゃあ
$\frac{1}{10}$、$\frac{1}{100}$すると？

位を右にずらす

4 3.625を10倍，100倍したものを位の表にしてみよう

同じだね。位が1つずつ上にずれていくんだ

小数の場合の10倍，100倍を表にする活動をさせることで，位が上に1つずつずれていくことを感得させる。各位それぞれが，ずれていることを確認することが大切である。

まとめ 10倍，100倍するというのは，「位を左にずらし，上げる」ということ

一連の学習を振り返り，10倍，100倍するとは「0をつける」ということではなく，「位が左にずれる」ということを確認し，まとめとして表現するようにする。また，$\frac{1}{10}$，$\frac{1}{100}$についても確認するようにする。

本時案

10等分すると
どれだけになる
かな？

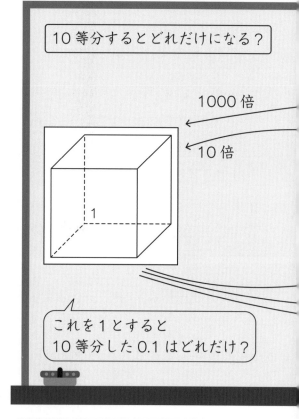

本時の目標

・0.1，0.01，0.001の大きさを表す活動を通して，数の大きさについての理解を深めるとともに，10倍，100倍という位間の関係を明らかにしていくことができる。

授業の流れ

1 1に対して0.1はどれだけになるかかいてみましょう

1の縦を10等分した1段目のような部分が0.1!!

1の大きさの立方体を提示し，その立方体をもとにすると，0.1，0.01，0.001はどのように表せるかを追究する学習である。まずは，1の大きさの立方体を提示し，それを1とすると，0.1はどれだけになるかを考えさせる。子どもたちに立方体がかかれた紙を渡し，実際に$\frac{1}{10}$の大きさがどうなるかをかかせ，説明させながら学習を進める。

10等分するとどれだけになる？

1000倍

10倍

1

これを1とすると
10等分した0.1はどれだけ？

2 0.01はどれだけになるかかいてみましょう

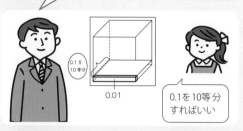

0.1を10等分すればいい

実際に0.01の大きさの図がどうなるかを子どもにかかせ，説明させるようにする。その説明の中で，10倍，$\frac{1}{10}$といった各位間の関係を引き出すようにする。

3 0.001はどれだけになるかかいてみましょう

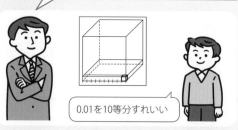

0.01を10等分すればいい

ここでも，実際に0.001の大きさの図がどうなるかを子どもにかかせ，説明させるようにする。その説明の中で，10倍，$\frac{1}{10}$といった各位間の関係を引き出すようにする。

9
小数、小数のたし算と
ひき算

10
式と計算

11
分数

12
変わり方

13
面積

14
小数のかけ算・わり算

15
立方体・直方体

本時の評価

・1をもとにして，0.1，0.01，0.001の図をかくことができたか。
・どうやって図をかいたについて，10等分する，10倍するといった言葉を用いて明確に説明することができたか。

準備物

・立方体の見取図がかかれたプリント（児童人数分）

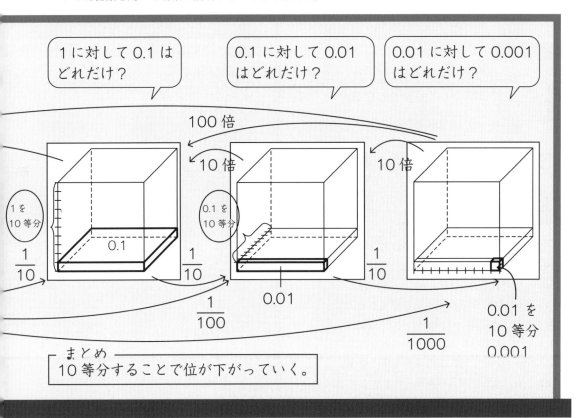

1に対して0.1はどれだけ？

0.1に対して0.01はどれだけ？

0.01に対して0.001はどれだけ？

100倍

10倍

10倍

1を10等分

$\frac{1}{10}$

0.1

$\frac{1}{10}$

0.1を10等分

$\frac{1}{10}$

0.01

$\frac{1}{100}$

$\frac{1}{10}$

$\frac{1}{1000}$

0.01を10等分
0.001

まとめ
10等分することで位が下がっていく。

4 1，0.1，0.01，0.001の大きさの関係はどうなっていますか？

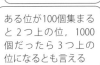
10個集まると，次の位の大きさになる

ある位が100個集まると2つ上の位，1000個だったら3つ上の位になるとも言える

「ある位が10個集まると，次の位になる」といった，十進位取り記数法の仕組みになっていることに気付かせる。「100個集まると」といった，位を飛び越えた関係にも触れておく。

まとめ 10等分することで位が下がっていく

もう一度，かいた図を全体的に眺めながら，10等分（10倍）することで位が下がったり上がったりする，十進位取り記数法の仕組みになっていることを子どもとともに確認し，まとめとして板書していくようにする。

本時案

何がいくつ
集まった数かな？

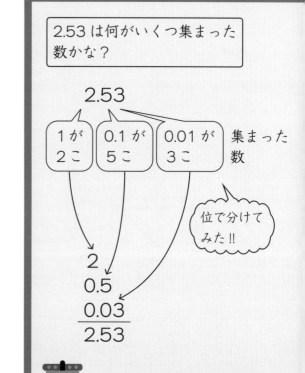

本時の目標

・数の構成について，多面的に見ようとすることができる。
・位取り記数法の見方を理解することができる。
・数の相対的な大きさの見方が理解できる。

授業の流れ

1 2.53は何がいくつ集まった数かな？

2
0.5
0.03
2.53

1が2個，0.1が5個，0.01が3個と，それぞれの位が集まった数

　小数の構成のされ方に対して自由な見方をさせることで，位取り記数法や数の相対的な大きさの見方を引き出しながら，小数の見方を広げ，数への理解を深めていく学習である。

　「何がいくつ集まった数？」という直接的な問いかけにより，それぞれの位の数がいくつあるかという位取り記数法の見方を引き出す。この見方は，加法・減法の計算の仕方を考える際に有効に働くので，確実に理解させたい。

2 みんなも「0.01は3個」でしたか？違う個数の人もいたようですが

ぼくは，0.01が253個としたよ

えっ，0.01は3個でしょ。あとの250個はどこからきたの？

　上のような発問で，机間巡視で予め「数の相対的な大きさの見方」をしていた子どもの発言を引き出す。もしいなかった場合には，教師側から提示してもいいだろう。

3 250個の50って2.53のどれのこと？

50は0.5のこと

そうか！　0.1は0.01が10個だから，0.5は0.01が50個ってことなんだ！

　まずは50が2.53のどのことかを問うことで，0.5が5個であることを確認する。そうなれば，「0.5は何が50個なの？」と問うことで，0.01をもとに捉えていることに気付くだろう。

9
小数、小数のたし算と
ひき算

10
式と計算

11
分数

12
変わり方

13
面積

14
小数のかけ算・わり算

15
立方体・直方体

本時の評価

・小数を，位ごとに集めた数という位取り記数法の見方として捉えることができたか。
・0.01をもとにして，「0.01のいくつ分」という数の相対的な大きさの見方で数が構成されていることに気付き，理解することができたか。

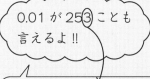

0.01 が 253 ことも言えるよ !!

えっ 0.01 は 3 こでしょ

あとの 200 こや 50 こはどこから集まったの?

50 は 0.01 が 50 こ !!

0.01 が 10 こで 0.1 でしょ。2⑤3 0.5 のことで 0.1 が 5 こだから、0.01 は 50 こ。

200 は 0.01 が 200 こ !!

0.01 が 100 こで 1 でしょ。②53 2 は 1 が 2 こだから 0.01 は 200 こ。

0.01 をもとにして集めてみた

― まとめ ―
位ごとに集める見方
0.01 をもとにして集める見方

---

4 じゃあ，200は0.01が200個 !!

200は 2 のことで，1 は 0.01が100個だから，2 は 0.01が200個ってことか！

だから，2.53は0.01が 253個ってことなんだね

　数を相対的な大きさで捉えられるようになることは，小数への理解が深まるとともに，加法・減法での計算の仕方を考える際に有効に働くので丁寧に説明させ，確実に理解させたい。

まとめ ・位ごとに集める見方
・0.01をもとにして集める見方

　これまでの流れを子どもとともに振り返り，数の構成は，位ごとに集めるという位取り記数法の見方と，ある位がいくつ分という数の相対的な大きさの見方の 2 つの見方があったことを確認し，まとめとして表現するようにする。

本時案

どちらのたし算が簡単そうかな？

7/10

本時の目標

・「○.○○＋○.○○の方が簡単」という理由を考える活動を通して，位取り記数法の考えで加法を行えばよいことに気付くことができる。

○.○○＋○.○○
○.○○＋○.○
どちらのたし算がかんたんそう？

けた数の少ない
○.○○＋○.○がかんたんでしょ

いやっ、同じけた数どうしの○.○○＋○.○○の方がかんたん

授業の流れ

1 ○.○○＋○.○○と○.○○＋○.○どちらのたし算が簡単そう？

桁数が少ないから
○.○○＋○.○が
簡単でしょ

いや，同じ桁数同士の
○.○○＋○.○○の方
が簡単だよ

　小数のたし算の導入授業である。位取り記数法や数の相対的な大きさの見方を活用することで，小数の加法の計算の仕方を，子ども自ら見いだしていけるように授業を構成したい。

　本時は，位取り記数法の見方を活用した加法である。○.○○＋○.○○が簡単として捉えた考えを深めていくことで，同じ位同士を足すという方法に気付かせていくようにする。

2 「同じ桁数同士だと簡単」と感じた人の気持ちは分かりますか？

同じ位同士を足せ
ばいいと思ったん
じゃないのかな

　同じ桁数同士の「○.○○＋○.○○の方が簡単だ」と，考えた人の気持ちを全体に問うことで，同じ位同士を足せばよいという位取り記数法を用いた計算の仕方の考えに焦点を当てていく。

3 「同じ位同士を足す」って，例えば，どういうこと？

```
      一  10  100
   の  の  の  の
   位  位  位  位
      2  5  3
   +  1  2  6
      3  7  9
```

2.53＋1.26だとすると整数の筆
算みたいに同じ位をそろえて…

　同じ位同士を足すということから，筆算形式へと気付かせ，記述させるようにする。そして，実際に，筆算をさせることで，小数の加法の計算の仕方を理解させる。

本時の評価

・「〇.〇〇+〇.〇〇の方が簡単」という理由が，同じ位ごとにそろえて計算すればよいという位取り記数法に基づいて考えられていることを理解できたか。

・整数の筆算と同様の手続きで行えばよいことを理解することができたか。

同じけた数どうしだと
かんたんだと思うのは
どうして？

同じ位どうしをたせば
いいから

例えば
2.53+1.26 だと
整数の筆算みたいに位をそろえて

```
    一  1   1
    の  10  100
    位  の  の
        位  位

    2 | 5 | 3
 +  1 | 2 | 6
 ─────────────
    3 | 7 | 9
```

じゃあ整数の筆算をして

```
   2 5 3
 + 1 2 6
 ───────
   3.7 9
```

あとから小数点をつければ
かんたんだね

まとめ
同じ位どうしをたせばいい。

---

4 整数として考えて足して、あとから小数点をつければいい

```
   2 5 3
 + 1 2 6
 ───────
   3⊙7 9
```

　整数と同じ計算方法という見方は，統合的な見方として重要であるし，整数として考えるという見方も，単純に捉えようとする考え方で極めて重要である。このような見方・考え方を価値付けながら学習を展開したい。

まとめ 同じ位同士を足せばよい

　ここまでの学習を振り返りながら，位取り記数法をもとに同じ位同士（筆算形式）で並べて記述し，その並んだ位同士を足せばよいということを確認しながら，まとめとして板書に表現するようにする。

本時案

○.○○+○.○は間違えることがある

本時の目標

・「○.○○+○.○」は間違えやすい理由を考える活動を通して，位取り記数法の考えで加法を行うことや，数の相対的な見方を活用すれば整数で計算できることに気付くことができる。

授業の流れ

1 同じ位同士を足せばいいんだから○.○○+○.○も簡単でしょ

簡単なんだけど，足される数と足す数の桁が違うと，間違えることがある

　本時は，数の相対的な大きさの見方を活用した加法である。まずは，前時の流れから，「○.○○+○.○も，前時と同じで，位同士を足せばいいんだから簡単でしょ」と問いかけることから始める。そこから，「小数のたし算は桁数が違うと間違えることがある」などという気付きを引き出しながら，間違えない方法を追求していく。その中で，数の相対的な大きさを活用することの気付きを取り上げながら，授業を展開していく。

前回のつづき
○.○○+○.○も同じ位どうし
をたせばいいんだから，
かんたんでしょ。

そうなんだけど……
たされる数とたす数のけた数が
ちがうとまちがえることがある

例えば5.24+4.5だと
どんなまちがえた答えを
してしまうか想ぞうする
ことができますか。

2 どんな間違えた答えをしてしまうのか，想像することはできますか？

前回のように，整数にして筆算すると5.69とか56.9とかにしちゃう

$$\begin{array}{r} 5.24 \\ +\ \ 4.5 \\ \hline 5.6.9 \end{array}$$

　○.○○+○.○だと，どんな間違いをしてしまうかを全員に想像させてみる。その中から，「数を右揃えにする」という，単に整数の筆算形式にそろえただけの計算を取り上げる。

3 えっ，それでいいんじゃないの？何を間違えているの？

違う位同士を足してる。筆算の小数点がずれている

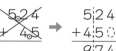

　数を右揃えにして計算した筆算に対し，あえて肯定することで，「小数点がずれている」「位をそろえる必要がある」という反対意見を引き出し，位取り記数法を活用した計算の仕方を見いださせていく。

9 小数、小数のたし算とひき算

10 式と計算

11 分数

12 変わり方

13 面積

14 小数のかけ算・わり算

15 立方体・直方体

本時の評価

・○.○○＋○.○という桁数の異なる計算は、「位の大きさは考えず、単に数を右揃えで筆算」「数の相対的な大きさのことは考えず、単に小数点を取るだけで計算」という間違いをしてしまうことに気付くことができ、その修正をすることで、位取り記数法・数の相対的な大きさを活用した計算方法を見いだすことができたか。

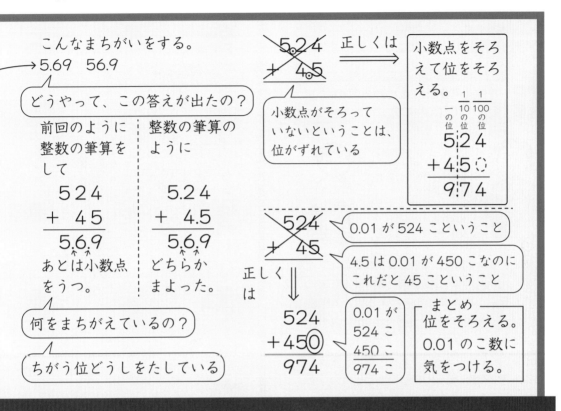

4 4.5は45じゃなくて、0.01の個数で考えると450!!

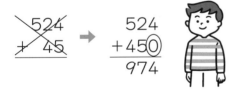

「単に小数点を取って整数で計算し、小数点を戻す」という、上のような間違いをする子どもは多い。それを取り上げ、何が間違いなのかを考えさせることで、数の相対的な大きさを活用した計算の仕方を見いださせる。

まとめ
・位をそろえる
・0.01の個数に気を付ける

どのような間違いを起こすかの一連の流れを子どもとともに振り返り、「位をそろえて計算すること」「小数点を取るのではなく、0.01の個数で数を捉えること」を再確認し、それらをまとめとして表現するようにする。

本時案

間違えそうな小数のひき算の式を立てよう

9/10

授業の流れ

本時の目標

・間違えやすいひき算である理由を考える活動を通して，位取り記数法の考えで加法を行うことや，数の相対的な見方を活用すれば整数で計算できることに気付くことができる。

---

1 間違えそうな小数のひき算の式を立ててみましょう

6.57－2.3みたいに桁が違うのは，たし算のときと同じ間違いをする

8－2.58みたいな整数－小数も間違えそう

前時までの小数の加法の学習で押さえた要点を適用して，小数のひき算の計算の仕方を組み立てさせていくようにする。そこで，まずは「どんな間違いをするか」を想像させ，「位の大きさは考えず，単に数を右揃えで筆算」「数の相対的な大きさのことは考えず，単に小数点を取るだけで計算」という間違いを引き出し，それを修正していく授業構成とする。

まちがえそうな小数のひき算の式を立てよう。

8－2.58 　　　　　 6.57－2.3
8－0.34 　　　　　 5.62－0.5
整数－小数

どんなまちがいをするかなぁ。次回やろう

たし算のときのまちがいと同じ

位がずれるまちがい

---

2 6.57－2.3は，どんな間違いをしそうですか？ 想像してみましょう

6.34や63.4と答えちゃうんじゃないかな？

どうやったらそのような答えになるのか，皆さん分かりますか？

どんな間違いをするのか，少し時間を取って考えさせ，間違えるであろう答えを引き出す。そして，どうやって，その答えに行き着いたかを，全員で考えるように促す。

---

3 右揃えで筆算したんだよ！

位をそろえるようにしないとね

$$\begin{array}{r} 6.5\cancel{7} \\ \cancel{2.3} \\ \hline 63.4 \end{array} \rightarrow \begin{array}{r} 6.57 \\ -2.30 \\ \hline 4.27 \end{array}$$

位の大きさは考えず，単に数を右揃えで筆算したことで間違えたことを引き出し，位をそろえる必要性を見いださせる。これは，位取り記数法を活用した計算の仕方である。

間違えそうな小数のひき算の式を立てよう
038

9
小数、小数のたし算と
ひき算

10
式と計算

11
分数

12
変わり方

13
面積

14
小数のかけ算・わり算

15
立方体・直方体

本時の評価

・桁数の異なる小数のひき算は，「位の大きさは考えず，単に数を右揃えで筆算」「数の相対的な大きさのことは考えず，単に小数点をと取るだけで計算」という間違いをしてしまうことに気付くことができ，その修正をすることで，位取り記数法・数の相対的な大きさを活用した計算方法を見いだすことができたか。

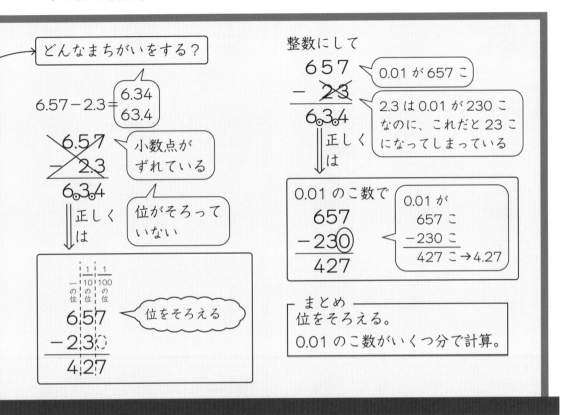

4 657－23としちゃったのね！

0.01が230個と考えないとね

　単に小数点を取るだけで整数に直して計算をしてしまったことを引き出し，それを修正させていく中で，「0.01はいくつ分」という数の相対的な大きさを活用した計算の仕方を見いださせていく。

まとめ
・位をそろえる
・0.01の個数がいくつ分で計算

　どのような間違いを起こすかの一連の流れを子どもとともに振り返り，「位をそろえて計算すること」「小数点を取るのではなく，0.01の個数で数を捉えること」を再確認し，それらをまとめとして表現するようにする。

空位がある場合の 小数のひき算を 考えよう

10/10

・6を6.00と考えれば，空位がある場合にも，既習である繰り下がりのあるひき算と同様の仕方で計算すればよいことを見いだすことができる。

授業の流れ

1 整数－小数の計算はどんな間違いをしそうか想像してみましょう

それじゃあ引けない。25の上に数がない

位をそろえないといけないね。でも…

前時の続きで，小数のひき算の「整数－小数」の計算場面である。本時は，前時と同様に位をそろえることと，繰り下がりのある小数のひき算について考えることが重点となる。

まずは，位をそろえていない間違いを引き出し，位をそろえることを促す。

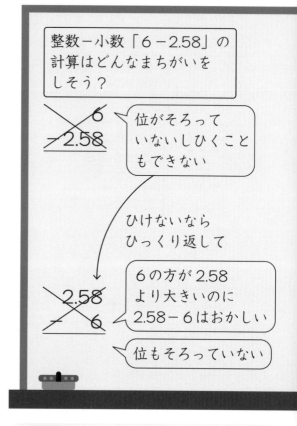

整数－小数「6－2.58」の計算はどんなまちがいをしそう？

位がそろっていないしひくこともできない

ひけないならひっくり返して

6の方が2.58より大きいのに2.58－6はおかしい

位もそろっていない

2 位はそろえたけど，どうやって引くの？ .58の上に数がない

あるよ。6は6.00のことなんだから

位をそろえると空位（6.00の00の位）があることから，どのように計算をしたらよいかの問いを引き出す。その際に，まずは整数の6は6.00であることを捉えさせるようにする。

3 繰り下がりのあるひき算と同じだよ

$$\begin{array}{r} 6.00 \\ -2.58 \\ \hline 3.42 \end{array}$$

一の位の6から，まず1を$\frac{1}{10}$の位に繰り下げて…

繰り下がりのあるひき算の筆算を想起させ，子どもに説明させながら丁寧に繰り下がりの仕方を確認していき，位取り記数法を活用した計算の仕方を見いださせる。

本時の評価

- 6を6.00として考えれば，位をそろえた筆算で表現できることに気付くことができたか。
- 繰り下がりのある筆算を正しく実行することができたか。
- 数を相対的な大きさで捉えて0.01の個数で考えれば，整数のひき算で計算できることに気付くことができたか。

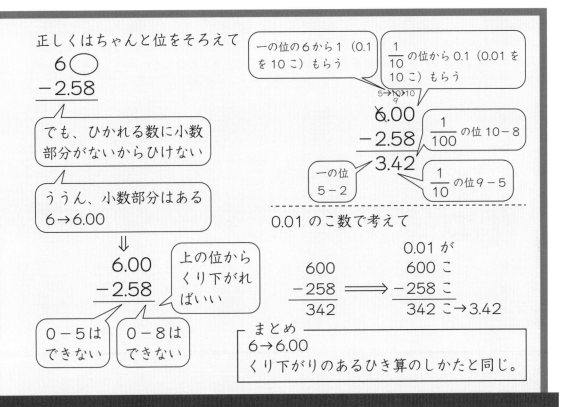

4 0.01の個数で考えれば…

0.01が，6.00は600個，2.58は258個と考えれば600−258の整数のひき算にできる

数の相対的な大きさを活用した計算の仕方は，前時までに何度も学習してきたが，本時でも丁寧に確認するようにする。

まとめ
- 6 →6.00
- 繰り下がりのある ひき算の仕方と同じ

空位のある場合の小数のひき算の仕方について，ここまでの一連の流れを子どもとともに振り返り，「6.00と考えること」「整数の場合の繰り下がりのあるひき算と同じこと」を再確認し，それらをまとめとして表現するようにする。

10 式と計算 （6時間扱い）

単元の目標

・計算の順序に関するきまりを理解し，四則に関して成り立つ性質の理解を深めることができる。
・数学的表現を適切に活用して数量の関係を表す式について考える力を養うとともに，問題場面の数量関係について考えた過程を振り返り，学習に生かそうとする態度を養う。

評価規準

知識・技能	四則の混合した式や（　）を用いた式や公式について理解し，それらを活用して（■や▲などの）記号で数量の関係を表すことができる。
思考・判断・表現	問題場面の数量の関係に着目し，簡潔に表現したり一般的に表現したりすることについて考え，説明することができる。
主体的に学習に取り組む態度	（　）を用いて1つの式に表すと数量の関係を簡潔に表すことができるなどのよさを振り返り，価値付けている。

指導計画　全6時間

次	時	主な学習活動
第1次 式に表す	1	問題場面を（　）を用いて1つの式に表す。
第2次 計算の順序	2	問題場面に合った式をつくる中で，計算の順序について考える。
	3	加減乗除と（　）の交じった式を見て，計算の順序について考える。
第3次 計算のきまり	4	交換法則，結合法則について理解し，工夫して計算する。
	5	分配法則について，式と図を関連付けて理解する。
	6	計算のきまりを活用して，式に表したり，式を読んだりする。

9

ひき算と
小数、小数のたし算と

10

式と計算

11

分数

12

変わり方

13

面積

14

小数のかけ算・わり算

15

立方体・直方体

単元の基礎・基本と見方・考え方

⑴総合式で表す

　本単元では，（　）を使い総合式で表すことを指導する。（　）については，使うよさを実感させたい。

　そこで，第１時では，買い物場面で，代金を自然に暗算する子どもの姿から，代金を（　）で表せることを指導する。代金をひとまとまりにみると「出したお金－代金＝おつり」という簡潔な１つの式に表現できる。

⑵計算の順序

　計算の順序については，①左から計算する　②（　）の中を先に計算する　③×，÷を＋，－より先に計算することを指導する。これらは，きまりであるため，具体的な場面で出てきた子どもの考えや式をもとに教師が指導していく。例えば，第２時の100円の商品６つをそれぞれ10円値下げする問題では，　式１　$\underset{①}{600}-\underset{②}{60}=540$と式２　$\underset{③}{(100\times6)}-\underset{②}{(10\times6)}=540$　として，式１と式２の意味を場面と関連付けた後，（　）の中の計算が先であることを視覚的に指導していく。さらに，第３時のように「ある数をつくる」という計算ゲームを通して，計算の順序を意識した式づくりを十分にさせたい。

⑶四則に関して成り立つ性質

　本単元で，指導する四則に関して成り立つ性質は，交換法則，結合法則，分配法則である。

　　交換法則
　　　　□＋△＝△＋□　　　　　　□×△＝△×□
　　結合法則
　　　　□＋（△＋○）＝（□＋△）＋○　　　□×（△×○）＝（□×△）×○
　　分配法則
　　　　□×（△＋○）＝□×△＋□×○　　　□×（△－○）＝□×△－□×○
　　　　（□＋△）×○＝□×○＋△×○　　　（□－△）×○＝□×○－△×○

　これらのきまりを形式的に教え，慣れさせることは避けたい。これらの式を具体的な場面や図と関連させることで，意味の理解が深いものとなる。特に分配法則については，一般化された式だけではなく，アレイ図をもとにイメージできるようにしたい。

⑷単元内での関連と日常的な活動を

　上記の指導を行っても，知識・技能の定着という側面では，１時間だけでは難しい面もある。そこで，１時間ごとに指導内容を切れ切れに行うのではなく，スパイラルに関連させながら指導していくように単元設定している。

　また，第３時と第４時で紹介するような計算ゲームを日常的に取り入れることで，楽しみながら定着を図っていきたい。

本時案

（ ）を使って
1つの式に表そう

本時の目標

・（ ）の中をひとまとまりとみて，（ ）を用いて1つの式に表すことができる。

授業の流れ

1 おつりはいくら？

暗算で簡単におつりが分かる問題場面にすることで，その計算の仕方を明らかにしていく。

「おつりはいくらでしょう？」と問うと，すぐに「430円」と子どもが答える。

どうやって暗算したのか，「1つの式に表すと？」と投げかける。

○月□日（△）

500円を持って買い物に行きました。
えんぴつ50円とキャップ20円を買いました。
おつりはいくらでしょう。

430円！

1つの式に表してみよう。

問題にないよ

式1　500−70＝430
式2　500−50−20＝430

---

2 何算したの？

ひき算を使った

たし算も使ったよ

「ひき算を使ったのは，1回？2回？」と問うことで，1回であれば式1，2回であれば式2であることが分かる。式1，式2，式3の順で扱う。

3 （ ）はひとまとまりとみられる

70＝50＋20だよ

（50＋20）にすればいい

式1の500−70の70を問題にある値段（50と20）で表現させ，（ ）を使えば1つの式に表せることを理解させる。

（ ）をつけないと−50＋20となり，答えが変わってしまうことを取り上げる。

本時の評価

・買い物の代金をひとまとまりとみて，（　）を使って1つの式に表すことができたか。

式1　500 − <u>70</u> = 430
　　　　　↓
　　　　50 + 20 = 70

500 − 50 + 20 ？

答えが変わっちゃう

式3　500 − (50 + 20) = 430
　　　持っているお金　−　代金　＝おつり

（　）を使うとひとまとまりとみられる。

他のものも買ってみたい！

（　）を使って1つの式に表してみよう。

500円を持って買い物に行きます。下から好きなものを買っておつりを求める式に表しましょう。

| ノート 120円 | 筆箱 300円 | けしゴム 80円 |

| ペン 100円 | 下じき 180円 | 同じものを買える？ |

500 − (120 + 300 + 80) = 0
500 − (120 + 100 + 180) = 100

（　）の中を先に計算する。

---

4 他のものも買ってみたい！

（　）を使って1つの式に表してみよう

「鉛筆とキャップは買えたね」と言って「他のものも買いたい！」を子どもから引き出し，他の文房具でも（　）を使って1つの式に表せるようにする。（　）をひとまとまりとみること，（　）を先に計算することを指導する。

まとめ
・（　）を使うとひとまとまりとみられる
・（　）の中を先に計算する

　本時では，（　）の中の計算をたし算だけにしている。買い物で同じものを買うとかけ算を扱うことになる。次時にかけ算やひき算を（　）の中で扱うので，「同じものを買いたい」という子どもには次時で扱うことを伝える。

本時案

どんな式に
なるかな？

本時の目標

・四則混合の 1 つの式の表し方が理解できる。
・四則混合の式の計算の順序を理解できる。

授業の流れ

1 │ 1 つの式に表してみよう

> 値上げ？
> 値下げ？

値□げという問題場面から，（　）の中にたし算とひき算が使われる値上げと値下げの 2 つの場面を想起させる。最初に扱わなかった場面を適用問題として扱える。

○月□日（△）

> 1 本 100 円のペンを 6 本買いに行きました。1 本につき 10 円ね□げしています。全部でいくらになるでしょう。

> ね下げ？　ね上げ？

> 1 つの式に表してみよう。

```
        （　）
      ×    ÷
    ＋    －
```

2 │ ひき算 1 つだけで表すと？

> 600－60
> 600や60って問題にないよ

「ひき算 1 つだけで表すと？」と問うと，式 1 の 600－60＝540 を考える。しかし，問題文の数値を使っていないので，「600 や 60 を問題の数値を使って表せる」という子どもの反応を引き出したい。そこから式 2 の表現につなげる。

3 │ かけ算 1 つだけで表すと？

> 90×6＝540
> 90を詳しく表せるよ

「かけ算だけで表すと？」と問うと，式 3 の 90×6＝540 を考える。式 1 と同様に 90 を問題の数値を使って表すと，式 4 の表現を引き出せる。

9 小数、小数のたし算とひき算

10 式と計算

11 分数

12 変わり方

13 面積

14 小数のかけ算・わり算

15 立方体・直方体

本時の評価

・問題場面に合った，四則混合の式を表現できたか。
・（　）が一番先，乗除は，加減より先に計算することが理解できたか。

10円ね下げをすると

式1　$600 - 60 = 540$

式2　$(100 \times 6) - (10 \times 6) = 540$
　　　①　　　③　　　②

式3　$90 \times 6 = 540$

式4　$(100 - 10) \times 6 = 540$
　　　　①　　　　②

計算のきまり
・ふつうは左から計算する。
・（　）のある式は、（　）の中を先に計算する。
・×や÷は、＋や－より先に計算する。

10円ね上げをすると

式1　$600 + 60 = 660$

式2　$(100 \times 6) + (10 \times 6) = 660$

式3　$110 \times 6 = 660$

式4　$(100 + 10) \times 6 = 660$

半がくになると

$(100 \div 2) \times 6 = 300$
・×と÷は（　）を省くことがある。

---

4 計算の順序を整理すると？

（　）が先,
＋－より
×÷が先

　式2や式4の計算の順序がどうなっているか，演算記号の下に番号をつけながら確認する。計算のきまりとして，（　）を先に計算すること，＋－より×÷を先に計算することを指導する。

　板書では，演算記号の優先順位をピラミッドでイメージしている。

まとめ

　計算のきまりを指導した後，値上げの問題で練習する。

　最後に半額になる問題を立式させ，×と÷は（　）を省くことがあることを指導する。

　本時の式2と式4は第5時で振り返り，分配法則としてもう一度扱う。

本時案

計算の順序は
どこからかな？

授業の流れ

1 　1 2 3 4 5で45がつくれる
かな？

順番は変えても
いいの？

1〜5を全部使うの？

　子どもの質問を受けながら，ゲームのルール
を確認する。2桁の各位の数と使う数5つを
1〜6までの数で行うとサイコロを転がして
ゲームとして行うことができる。
ジャマイカ
　サイコロ7つでできた計算ゲーム用玩具。
数の見方や式の表現が豊かになる。

○月□日（△）

　1 2 3 4 5 を
　1回ずつ使って 45 をつくろう

ルール
・1〜5を全て使う
・1〜5はどの順番でもよい
・＋－×÷（　）を自由に使って，
　1つの式に表す

ヒント
45 はどんなかけ算でできるかな？
5×9
15×3

---

2 つくりたい数を（　）でつくれ
ばいい！

　最初は，45をかけ算としてみて，5×9や
15×3などをもとに考えさせる。
　5×9の5や9をひとまとまりの数として
捉え，1〜5までの数で（　）を使って表せ
ることに気付かせる。

3 ÷を使えるかな？

÷1なら
大きさは
変わらな
いな

　子どもは，ある数をつくろうとするとき，た
し算やかけ算で考える子が多く，わり算は好ん
で使わない傾向にある。
　「わり算を使うと花丸」など，条件をつける
と式2や式5のように，わり算を使って式を
つくろうとする。

9 小数、小数のたし算とひき算と

10 式と計算

11 分数

12 変わり方

13 面積

14 小数のかけ算・わり算

15 立方体・直方体

本時の評価

・計算の順序を考えながら，1つの式に表すことができたか。
・（ ）や演算記号に計算の順序が分かるように番号をつけることができたか。

準備物

・ジャマイカ
・サイコロ7つ
　（ジャマイカの代わり）

式1　$(5+4) \times (3+2) \times 1 = 45$
　　　①　　　③　　②　　④

式2　$(5+4) \times (3+2) \div 1 = 45$
　　　①　　　③　　②　　④

式3　$5 \times (3 \times 4 - 2 - 1) = 45$
　　　③　　①　　　②

式4　$5 \times 3 \times (4 - 2 + 1) = 45$
　　　②　　③　　①

式5　$5 \times 3 \times (1 + 4 \div 2) = 45$
　　　③　　④　　②　①

他の数でもやってみよう

サイコロをふってみよう！

□ □ □ □ □ を 使って
2けたの □ □ をつくろう！

1 2 3 4 5 で

24 をつくろう！

計算のきまり

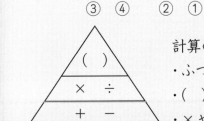

・ふつうは左から計算する。
・（ ）のある式は，（ ）の中を先に計算する。
・×や÷は，＋や－より先に計算する。

---

4 計算の順序が分かるように式の下に番号をつけよう

（ ）が2つあったら？

計算のきまりは，前時に指導している。計算の順序が分かるように，式の下に番号をつけて，理解しているかを確認する。

5 他の数でもやってみたい！

ジャマイカまたはサイコロで□にあてはまる数を決めて，式1〜5のように2桁の数をつくる。「66を11111でつくる」のように，できないときもあるので，その場合はもう一度サイコロを振る。

次時に扱う場面を本時の最後に扱ってもよい。日常的に本時の活動を行い，式に表すことを十分楽しませたい。

本時案

順番を変えると どうなるかな？

本時の目標

・交換法則や結合法則など，計算のきまりについて振り返り，計算の工夫に生かせることに気付くことができる。

授業の流れ

1 1 2 3 4 5で24がつくれるかな？

つくってみたい！

本時の問題は，前時と同様の場面で，数値を変えている。前時の45に比べて，24は 2×12，3×8，4×6 と，多様に考えることができる。

子どもの実態に応じて，途中まで式を示したり，前時のように，「どんなかけ算で考えられるかな？」とヒントを出したりしてもよい。

○月□日（△）

1 2 3 4 5で
24 をつくろう。

式1　$2 \times 4 \times \underline{(5+1-3)} = 24$
$\ 2 \times 4 \times 3$

式2　$4 \times \underline{(5-3)} \times \underline{(1+2)} = 24$
$\ 4 \times 2 \times 3$

式3　$4 \times 3 + 2 \times (5+1) = 24$

式4　$\underline{(5+1)} \times \underline{(2+6 \div 3)} = 24$
6×4

まだあるかな？

式5　$\underline{(1+5)} \times \underline{(6 \div 3+2)} = 24$
6×4

順番がちがうだけ　　つくり方がちがう

---

2 まだあるかな？

順番が違うだけ

子どもがつくった式を見ると，式1〜4のように，つくり方が異なっている場合と式4と式5のように，順番が違っている場合がある。「まだあるかな？」と投げかけ，「似ている」「順番が違う」などの言葉を引き出し，順番が違うだけの式に焦点を当てる。

3 順番を変えても答えが変わらないのはどんなとき？

＋や×は交換できる

「順番を変えても答えは変わらないの？」と揺さぶりをかける。交換法則が成り立つ場合について，式1〜4をもとにしたり，「例えば…」と子どもが出した例をもとにしたりして考えさせる。

9 小数、小数のたし算とひき算

10 式と計算

11 分数

12 変わり方

13 面積

14 小数のかけ算・わり算

15 立方体・直方体

本時の評価

・順番を変えてもよい場合について，計算のきまりを振り返ることができたか。
・計算の工夫ができる場面を理解できたか。

順番を変えても答えが変わらないのはどんなとき？

+は交かんしても答えは変わらない。

交かんのきまり

$5 + 1 = 1 + 5$　　$□ + ○ = ○ + □$

$5 + 1 + 4 = 5 + 4 + 1$　　3つの計算でも同じ

×は交かんしても答えは変わらない。

交かんのきまり

$6 × 4 = 4 × 6$　　$□ × ○ = ○ × □$

$2 × 4 × 3 = 4 × 2 × 3$　　3つの計算でも同じ

－は交かんしたら答えは変わる。

　$5 - 3 = 2$　　　$3 - 5$はひけない

÷は交かんしたら答えは変わる。

　$4 ÷ 2 = 2$　　$2 ÷ 4$はまだわからないけど

　　　　　1より小さくなる？

順番を変えて計算したいのはどれ？

①5+87+13

②25×4×17

③13×125×8

④28+3.7+6.3

⑤15+28+46

①③④は計算が楽になるから

　　　　　　　順番を変えたい。

結合のきまり

$(□ + ○) + △ = □ + (○ + △)$

$(□ × ○) × △ = □ × (○ × △)$

②⑤はそのまま計算する。

⑤は位ごとに分けて計算する。

4　順番を変えて計算したいのはどれ？

100や1000が
つくれそうな式がある

たし算とかけ算は，順番を変えても答えが変わらないという前提のもと，「順番を変えたいときは，どんなとき」かを意識させる。計算を楽にするために，計算のきまりが使えることを実感させる。

まとめ

　本時は，前時とのつながりを意識した導入にしているため，計算の工夫は，授業の後半に取り入れている。「順番を変えてもよいのか」という「問い」を，式をつくる活動を通して生みたい。

　導入の24をつくる活動は，前時の「他の数でもやってみたい」でも取り扱うことができるので，時間の配分は子どもの実態に合わせたい。

本時案

碁石の数は
いくつかな？

本時の目標

・分配法則について，図と式を関連付けたり，
一般化した式を既習と関連付けたりして理解
することができる。

授業の流れ

1 碁石の数を式で表すと？

長方形が2つ？

長方形が1つ？

縦の列を1つ分とみると板書のような式1
〜3になる。横の列を1つ分にすると式1は
$3 \times 4 + 3 \times 2 = 18$，式2は$3 \times 6 = 18$，式3
は$3 \times (4 + 2) = 18$となる。

式1〜3は，縦か横に統一して同じ見方で
式を表現させると分かりやすい。式4から横
を1つ分にみる見方をしている。

○月□日（△）

ご石の数を式で表すと？

ア ○○○
　 ○○○
　 ○○○●●●
　 ○○○●●●

式1　$4 \times 3 + 2 \times 3 = 18$　　長方形が2つ

　○たての4　　●たての2

式2　$6 \times 3 = 18$　　長方形が1つ

　動かせばわかる

式3　$(4 + 2) \times 3 = 18$

　　　長方形1つを2つに分けた？

2 6×3はどんな考え方かな？

動かせば分かる！

式2や式3は，子どもから出れば，「どうい
うことかな？」と問い返せばよい。もし，子ど
もから出なければ，教師側から，「長方形が1
つに見える？」や「6×3にも見える？」と問
うてもよい。また，6を別の表現にできない
か考えさせ，式3の表現を引き出す。

3 式3から式1が見えるかな？

式3を分けて
見れば
式1になる！

式1と式3の共通点，同じ数の3をかけて
いること，かけられる数が4と2であること
などに着目させながら，図と関連させて分配法
則を指導する。

9 小数、小数のたし算とひき算

10 式と計算

11 分数

12 変わり方

13 面積

14 小数のかけ算・わり算

15 立方体・直方体

本時の評価
・式1と式3が等号でつなげられることを図と関連付けて理解できたか。
・値上げと値下げの問題と分配法則を関連付けて振り返ることができたか。

準備物
・マグネット
（碁石を表すもの）

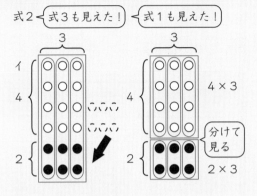

式2 ←式3も見えた！ ←式1も見えた！

式1と式3は式の形がちがっていても答えは同じなので等号でつなげられる。

式3　　　　　式1
(4＋2)×3＝4×3＋2×3

横の3を1つ分にみると
式4　3×(4＋2)＝3×4＋3×2

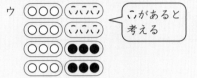

横の3を1つ分にみると
3×8も見えるかな？

ウ

こがあると考える

式5　3×8－3×2＝18

( )を使って式4のように表せるかな？

式6　3×(8－2)＝3×8－3×2

分配のきまり

(□＋○)×△＝□×△＋○×△

(□－○)×△＝□×△－○×△

ふり返り

ね上げ、ね下げの問題も分配のきまりで表せる。

(100＋10)×6－100×6＋10×6

(100－10)×6＝100×6－10×6

4 3×8も見えるかな？

付け足せば見える！

　ウでは、分配法則のひき算の表現に気付かせたい。イで扱った横の3を1つ分とする見方を生かして、分配法則のひき算の表現につなげる。

まとめ

分配のきまりが使えそうな場面はこれまで出てこなかったかな？

値上げと値下げの問題も分配のきまりで表せる

　1時間のまとめで終わるだけでなく、単元の中で関連付けられることを振り返らせていく。

　本時では、第2時の値上げ、値下げの問題が、分配法則につながることに気付かせる。

本時案

式に表す，式を読む

授業の流れ

1 どんな形が見える？

正方形が見えた

正方形が 5 つ見えた

　アの図をパッと見せて，パッと隠す。「どんな形が見えた？」と問うと，「正方形が見えた」「正方形が 5 つ見えた」と言うであろう。
　「短い棒を 1 本とみると，どんな式に表せるかな」と問う。
　いろいろな見方ができるが，最初は正方形をもとに式に表していく。

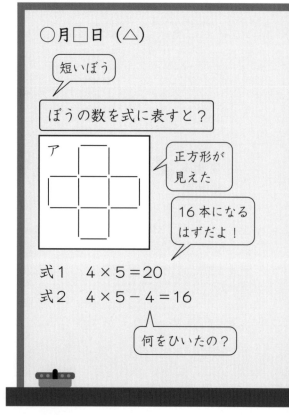

○月□日（△）

短いぼう

ぼうの数を式に表すと？

ア

正方形が見えた

16 本になるはずだよ！

式 1　　4 × 5 ＝ 20
式 2　　4 × 5 － 4 ＝ 16

何をひいたの？

2 何を引いたの？

正方形を 1 つ

　これまで学習した計算のきまりを生かして，式に表現させていく。例えば式 2 の 4 × 5 － 4 は，正方形を 1 つ引いたことが分かるように表すと，式 3 の 4 × 5 － 4 × 1 となる。

3 式 3 と式 4 は分配のきまりだ！

　学習した見方を使っているときは，板書の中でも価値付け，全員にその見方を共有する。

9
小数、小数のたし算と
ひき算

10
式と計算

11
分数

12
変わり方

13
面積

14
小数のかけ算・わり算

15
立方体・直方体

本時の評価

- 分配法則，結合法則，交換法則を使って式に表そうとしたり，式を読んだりできたか。
- 式と式を計算のきまりを活用して，関連付けようとできたか。

準備物

- 画用紙（提示用）

4×1にした方が正方形1つが見える

式3　$4 \times 5 - 4 \times 1 = 16$

だったら（　）も使える

◎学習した見方

式4　$4 \times (5 - 1) = 16$

式3と式4は分配のきまりだ！

◎学習した見方

式3と式4を結ぶと

式5　$4 \times (5 - 1) = 4 \times 5 - 4 \times 1$

他にも計算のきまりが使えるかな？

式6　$3 \times 4 + 4 = 16$
イ

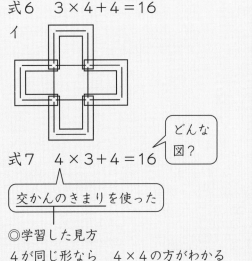

どんな図？

式7　$4 \times 3 + 4 = 16$

交かんのきまりを使った

◎学習した見方
4が同じ形なら　4×4 の方がわかる
式8　$(2 \times 2) \times 4$
式9　$2 \times (2 \times 4)$
式10　$(4 \times 2) \times 2$
結合のきまり

他にも表せる

4　計算のきまりが使えるかな？

交換のきまりが使えるかな

子どもから計算のきまりを活用している場面が出れば，その場で価値付けていく。子どもから出なければ，教師から，計算のきまりが使えないかと問うてもよい。

まとめ

　本時は，単元の活用場面として，式に表現したり，式を読んだりすること自体に価値があり，どの式が正解ということはない。
　板書以外にも 8×2 と見た子が交換法則を使って「2×8 とも見えないかな？」と考えるなど式と式，式と図を計算のきまりを活用して，関連付ける姿を引き出し，価値付けていく。

11 分数 〔8時間扱い〕

単元の目標

　分数について理解を深め，同分母分数の加法及び減法の計算ができるようにするとともに，数学的表現を適切に活用して，数を構成する単位分数について考える力を養い，分数とその加法及び減法の計算方法について考えた過程を振り返り，そのよさに気付き今後の生活や学習に活用しようとする態度を養う。

評価規準

知識・技能	分数の表し方，その加法及び減法の計算方法について理解する。 1より大きい分数を仮分数や帯分数で表すことができる。 簡単な場合について同値分数があることを説明したりすることができる。
思考・判断・表現	数を構成する単位分数に着目し，同値分数や分数の加法及び減法の計算方法を考え，説明している。
主体的に学習に 取り組む態度	1より大きい分数を仮分数や帯分数で表すことのよさや，分数を単位分数の個数で捉え，加法及び減法の計算方法を考えた過程を振り返り，多面的に捉え，検討してよりよいものを求めて，粘り強く考えたり，数学のよさに気付き，学習したことを今後の生活や学習に活用しようとしたりしている。

指導計画　全8時間

次	時	主な学習活動
第1次 分数の表し方	1	真分数，仮分数，帯分数の意味を知る。
	2	真分数，仮分数，帯分数の表現の仕方に習熟する。
	3	数直線や図をもとにして，仮分数を帯分数に直したり，帯分数を仮分数に直す方法を理解する。
	4	仮分数を帯分数に直したり，帯分数を仮分数に直したりする方法に習熟する。
第2次 分数の大きさ	5	大きさが等しく表し方の異なる分数があることを理解する。
第3次 分数のたし算とひき算	6	同分母の分数の加減の意味を理解し，その計算ができる。
	7	同分母の帯分数の加法の計算の仕方を理解し，その計算ができる。
	8	同分母の帯分数の減法の計算の仕方を理解し，その計算ができる。

9
小数、小数のたし算と
ひき算

10
式と計算

11
分数

12
変わり方

13
面積

14
小数のかけ算・わり算

15
立方体・直方体

単元の基礎・基本と見方・考え方

　本単元では，分数の意味や表し方について理解を深めるとともに，同分母分数の加法および減法の仕方について理解し，それらの計算ができるようにすることをねらいとしている。

⑴真分数，帯分数，仮分数について知り，それらの意味を理解する

　真分数とは，$\frac{1}{2}$や$\frac{3}{5}$のように分子が分母より小さい，つまり1より小さい分数。1より大きい分数として$1\frac{2}{3}$のように整数と真分数を合わせた分数である帯分数と，$\frac{7}{5}$のように分母よりも分子が大きい仮分数とがある。

　また，$\frac{3}{3}$のように分母と分子が同じ分数も仮分数である。数の表し方だけではなく，その表現のよさにも授業の中では触れていくようにすることで意味理解が深まっていく。仮分数⇔帯分数の操作のときに，単位分数のいくつ分であるかということに着目して考えるようにしていく。

⑵同値分数について知り，分数の大きさの理解を深める

　分数は，1つの大きさを仮分数で表したり，帯分数で表したりすることができるだけでなく，$\frac{1}{2}$と$\frac{2}{4}$のように，分母や分子が異なる分数で同じ大きさを表すこともできる（同値分数）。また，分子の数が同じ場合，分母の数が大きい分数が小さくなる。こうしたことを具体物や操作，数直線などを活用し，子どもたち自ら特徴を見いだすような活動が大切である。

⑶単位分数に着目し，整数や小数と同じように考えながら加減計算をする

　$\frac{1}{5}+\frac{3}{5}$のような真分数同士の場合$\frac{1}{5}$を単位としてみると$1+3=4$として$\frac{1}{5}$が4つで$\frac{4}{5}$と考えることができる。既習である$10+30$，$0.1+0.3$などの計算でも同じように単位に着目して計算してきたことを振り返るようにする。仮分数同士も同様である。帯分数においては，整数部分と分数部分に分ける方法と，仮分数にそろえて計算する方法が考えられる。

　単元を通して，比較したり計算したりする場合には「そろえる」という見方を大切にしたい。この「そろえる」ということは，他の単元でも活用される見方・考え方である。

何 m と表せば
いいのかな？①

○月□日（△）

〈ルール〉

グーで勝ち・・・・・・・・・・・・ $\dfrac{1}{5}$ m

チョキで勝ち・・・・・・・・・ $\dfrac{2}{5}$ m

パーで勝ち・・・・・・・・・・・ $\dfrac{3}{5}$ m

授業の流れ

1 1 m を超えたら勝ちゲームをしよう

＜ルール＞
グーで勝ち・・・・・・ $\dfrac{1}{5}$ m
チョキで勝ち・・・ $\dfrac{2}{5}$ m
パーで勝ち・・・・・・ $\dfrac{3}{5}$ m
これで，1 m を超えたら勝ちです

　じゃんけんをしながら，最初のうちは，$\dfrac{1}{5}$ m
と $\dfrac{2}{5}$ m を合わせて $\dfrac{3}{5}$ m になるなど，第 3 学年で
の分数のたし算を振り返りながらゲームを進め
るとよい。どちらかが 1 m を超えるまでゲー
ムを進める。結果が出たところで，「子ども
チームは何 m かな？」と問う。
　途中の結果を問いながら進めることで，ゲー
ムが終了した時点での長さに目が向く。

2 何 m と表せばいいのかな

$\dfrac{1}{5}$ をもとにして考える
と $\dfrac{1}{5}$ が 6 つ分だから $\dfrac{6}{5}$

今までの分数とどこが違うの？

　こうしたやりとりから，1 を超えているこ
と，分母より分子が大きくなっていることを確
認する。そして，分母より分子が小さい（1
より小さい）分数を真分数，分母より分子が大
きい（1 より大きい）分数を仮分数というこ
とを押さえる。

3 他の見方はないかな？

1 m と $\dfrac{1}{5}$ m

　2 の段階で多様な見方が出ることも考えら
れるが，出なければ「$\dfrac{6}{5}$ という表し方がありま
したね。1 m を基準にすると，どう表すこと
ができるかな？」と問いかけ，1 m といくつ
という見方を引き出す。そして，分数の表現と
して $1\dfrac{1}{5}$ という帯分数という表現があることを
押さえる。

9 小数、小数のたし算とひき算

10 式と計算

11 分数

12 変わり方

13 面積

14 小数のかけ算・わり算

15 立方体・直方体

本時の評価

・真分数・仮分数・帯分数の意味を理解することができたか。

・大きさを比べるときには仮分数または帯分数にそろえればよいことに気付き，説明することができたか。

準備物

・$\frac{1}{5}$m（20cm）の短冊

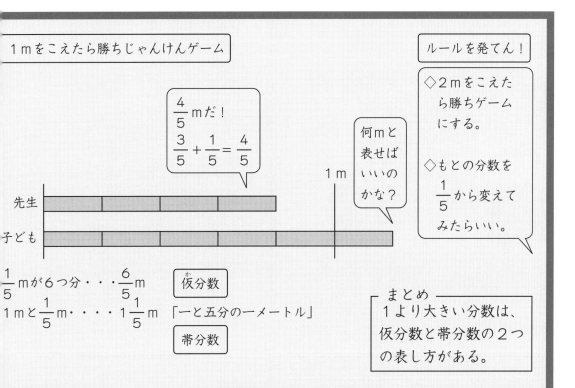

1mをこえたら勝ちじゃんけんゲーム

$\frac{4}{5}$mだ！

$\frac{3}{5} + \frac{1}{5} = \frac{4}{5}$

1m

何mと表せばいいのかな？

ルールを発てん！

◇2mをこえたら勝ちゲームにする。

◇もとの分数を $\frac{1}{5}$ から変えてみたらいい。

先生

子ども

$\frac{1}{5}$mが6つ分・・・$\frac{6}{5}$m 　仮分数

1mと$\frac{1}{5}$m・・・$1\frac{1}{5}$m　「一と五分の一メートル」　帯分数

まとめ
1より大きい分数は、仮分数と帯分数の2つの表し方がある。

---

4 自分たちでやってみましょう

5個でぴったり1mだ

$\frac{5}{5}$か$\frac{6}{5}$か$\frac{7}{5}$しかない

　上の吹き出しにあるような気付きが生まれたときには，全体で取り上げたい。ぴったり1mは，整数を分数で表すことにつながる。また，下の$\frac{5}{5}$，$\frac{6}{5}$，$\frac{7}{5}$のような発言があると，まとめのあとの「ルールを発展させる」という意識につながっていく。

まとめ 1より大きい分数は，仮分数と帯分数の2つの表し方があります

ルールを発展させるとしたら？

2mを超えたら勝ちにする

もとの分数を$\frac{1}{5}$から変える

　帯分数と仮分数について押さえた後は，上記のように自分でルールを広げていくような態度を育てていきたい。

本時案

何mと表せば
いいのかな？②

授業の流れ

1 分数で表現しよう

今からカードを見せます。
分数で表現してみましょう

1L 1L

$2\frac{1}{2}$L

　上のように，いくつかのカードを提示し，子どもに答えさせる。「パッと答える」ということがポイントである。テンポよくたずねていくと，子どもたちは帯分数で表現していく。そこで，「1より大きい分数は帯分数と仮分数を学習したのに，どうして帯分数ばかりで答えるのかな？」と問う。

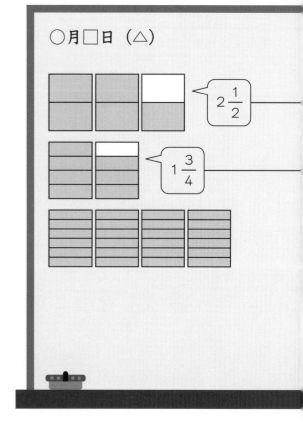

○月□日（△）

$2\frac{1}{2}$

$1\frac{3}{4}$

2 どうして帯分数ばかりなんだろう

1Lや1mが分かるから，分数の部分だけ考えたらいい

　帯分数は整数部分があるので，分数部分に着目すればよいことが共有される。「どこに着目したか」ということは学んでいく態度を育てていく上で大切なことである。この先，計算においては仮分数が扱いやすいことが強調されていく。この時期だからこそ，帯分数が量としてイメージしやすいということを大切にしたい。

3 次は，数直線を見て答えるよ

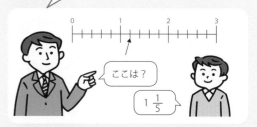

ここは？

$1\frac{1}{5}$

　教師が指をさし，子どもたちが答える。または，ノートに書くのもよい。
　この活動の意図も，帯分数が量としてイメージしやすいことを感じさせるものである。分数の種類だけではなく，それぞれの特徴やよさを味わいながら活動に取り組むようにする。

9 小数、小数のたし算と ひき算

10 式と計算

11 分数

12 変わり方

13 面積

14 小数のかけ算・わり算

15 立方体・直方体

本時の評価

・帯分数や仮分数の大きさについて，図や数直線から読み取ることができたか。

準備物

・分数を図で表したカード

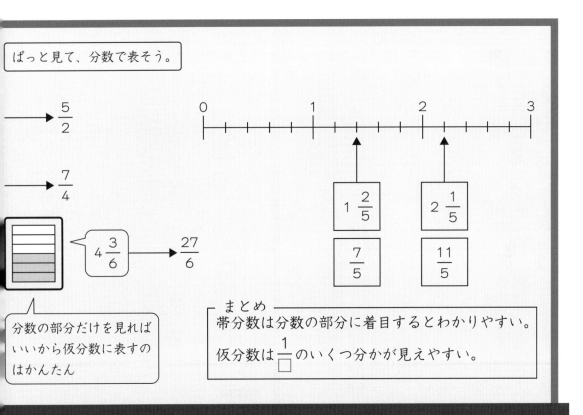

ぱっと見て、分数で表そう。

$\dfrac{5}{2}$

$\dfrac{7}{4}$

$4\dfrac{3}{6}$ → $\dfrac{27}{6}$

分数の部分だけを見ればいいから仮分数に表すのはかんたん

$1\dfrac{2}{5}$ $\quad$ $2\dfrac{1}{5}$

$\dfrac{7}{5}$ $\quad$ $\dfrac{11}{5}$

まとめ
帯分数は分数の部分に着目するとわかりやすい。
仮分数は $\dfrac{1}{\square}$ のいくつ分かが見えやすい。

---

4 今度は，図を仮分数で表してみよう

同じ図だけど，仮分数で表現しようとすると，ちょっと大変

簡単にできる方法はないかな？

　最後に，ここまでの図を今度は仮分数で表現していく活動を取り入れる。この活動がこの先の仮分数⇔帯分数の方法を考える際の素地となる。時間によって問題の数を調節していくことができる。

まとめ　1を超える分数には仮分数と帯分数があります。帯分数は量としてイメージしやすいのですね

仮分数は $\dfrac{1}{\square}$ のいくつ分かが見えやすいよ

　仮分数と帯分数について学習したことをまとめる。本時では帯分数のよさを強調したが，単位分数のいくつ分かが見えるという仮分数のよさにも触れるようにする。

本時案

どちらが大きいかな？

本時の目標
・仮分数や帯分数の大きさを比べる方法を考えることができる。

授業の流れ

1 どちらが大きいかな？

　最初は仮分数同士の比較をする。仮分数で表されていると、単位分数である $\frac{1}{3}$ のいくつ分かを考えれば比較することができることに気付く。このことを数直線で確認し、図をもとに、量としても $\frac{8}{3}$ が大きくなっていることを確認していく。

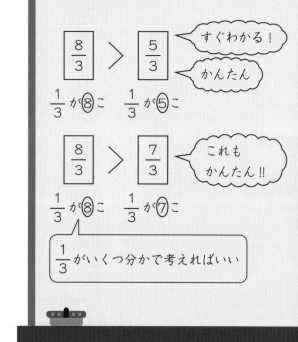

2 どうすれば比べることができるかな

　帯分数を提示することで、仮分数同士のようにパッと比べることができないことから、「どうすれば比べることができるかな？」という問いを生み出す。
　子どもたちは仮分数にそろえる方法と帯分数にそろえる方法の2つの考えが出ることが予想される。

3 仮分数にそろえる方法について考えよう

　整数部分の2を $\frac{3}{3}$ が2つ分ということから 3×2＝6 という計算で求めることを価値付けたい。また、数直線で表したものと関連付けることも大切である。

9 小数、小数のたし算とひき算

10 式と計算

11 分数

12 変わり方

13 面積

14 小数のかけ算・わり算

15 立方体・直方体

本時の評価

・分数の大きさやその比べ方について，数直線をもとに考え，説明することができたか。

どっちが大きいかな？

仮分数と帯分数の大きさのくらべ方を考えよう。

あれ??

$\frac{8}{3}$ $2\frac{1}{3}$

$\frac{8}{3}$

$\frac{5}{3}$

$\frac{8}{3}$

$\frac{7}{3}$

仮分数にそろえる $\frac{8}{3} > \frac{7}{3}$

帯分数にそろえる $2\frac{2}{3} > 2\frac{1}{3}$

②$\frac{1}{3}$

$\frac{3}{3}$ が2こ → $3 \times 2 = 6$

$\frac{1}{3}$ が6こ

ぜんぶで $\frac{1}{3}$ が7こ → $\frac{7}{3}$

$\frac{8}{3}$

$8 \div 3 = 2$ あまり 2

$2\frac{2}{3}$

まとめ
仮分数と帯分数の大きさをくらべるときは、どちらかにそろえるとくらべることができる。

4 帯分数にそろえる方法について考えよう

$1 = \frac{3}{3}$ だから，8の中に $\frac{3}{3}$ がいくつあるか考えればいい

$8 \div 3 = 2$ あまり 2 ということだね

　分子の8の中に分母の3がいくつ分あるかを考えることで整数部分が出ることから，$8 \div 3$ $= 2$ あまり2という計算が帯分数の表現につながることを価値付ける。また，数直線と関連付けることで，整数部分がより明らかになる。

まとめ 仮分数と帯分数の大きさを比べるときには，仮分数にそろえたり，帯分数にそろえたりすれば比べることができる

　子どもたちの言葉から「そろえる」という言葉を引き出し価値付ける。3×2や8÷3のわり算の式から変形させることについては，次時の習熟段階でもう一度確認することができる。この「ばらばらなときはそろえる」という見方・考え方を大切にしたい。

本時案

帯分数・仮分数変身ゲームをしよう！

本時の目標

・仮分数を帯分数に直したり，帯分数を仮分数に直す方法を理解している。

授業の流れ

1 帯分数・仮分数変身ゲームをしよう

〈ルール〉
2人一組で行う。
カードを引く人と答える人。
引いた数を仮分数なら帯分数，帯分数なら仮分数に変身させて言う。
2分間でいくつ言えたかを競う。
時間は先生が計る。

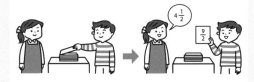

ルールの確認をしたら，まずは代表の子を指名し，教師とその子でやってみる。

○月□日（△）

〈ルール〉
・2人一組で行う。
・カードを引く人と答える人。
・引いた数を仮分数なら帯分数，帯分数なら仮分数に変身させて答える。
・2分間でいくつ答えることができたかを競（きそ）う。

2 実際にお友達同士でやってみましょう

　例えば，5回勝負として，勝ち越した人は一つ席が上がり，負けた人は席を一つ下げるなど，ルールや回り方を工夫して取り組むとよい。途中で，上手な子を取り上げ，「○○君はとっても早いんだけど，どうしてなのかな？」と投げかけ，コツを問うことから，仮分数⇔帯分数の方法を改めて全体で確認する。

3 早く変身させるコツはある？

例えば $\frac{9}{2}$ だったら $9 \div 2 = 4$ あまり1になるから $4\frac{1}{2}$ になるよ

$2\frac{1}{4}$ だったら，$4 \times 2 = 8$ だから，$8 + 1$ をして9で $\frac{9}{4}$ になるよ

　前時で扱ったかけ算とわり算の式の意味をここでもう一度押さえる。その後，「少し練習をしてみよう」と仮分数⇔帯分数の練習問題に数問取り組む。

9	小数、小数のたし算とひき算
10	式と計算
11	分数
12	変わり方
13	面積
14	小数のかけ算・わり算
15	立方体・直方体

本時の評価

・仮分数を帯分数に直したり，帯分数を仮分数に直したりする方法についての理解を深められたか。

準備物

・帯分数と仮分数を書いた分数カード

帯分数・仮分数変身ゲームをしよう。

早く答えるためのコツは？？

例えば $\dfrac{9}{2}$ 　　仮分数→帯分数

$9 \div 2 = 4$ あまり 1

$4\dfrac{1}{2}$

$\dfrac{1}{\square}$ がいくつあるかを考える

例えば $2\dfrac{1}{4}$ 　　帯分数→仮分数

$4 \times 2 + 1 = 9$ ← $\dfrac{1}{4}$ が 9 こ

$\dfrac{9}{4}$

---

4 もう一度やってみよう

さっきよりも早く言えるようになった

ゲームに取り組みながら，「帯分数→仮分数は得意だけど反対は苦手」のように，自分の課題を見つけていくと，家庭での学習でもどこに重点を置けばよいかが見えてくる。

まとめ 分数を変身させるには，$\dfrac{9}{4}$ なら 9 の中に 4 がいくつあるか考えたり，$2\dfrac{1}{4}$ なら，整数部分の 2 が $\dfrac{1}{4}$ がいくつ分かを考えるなど，$\dfrac{1}{\square}$ のいくつ分と考えると素早くできる

活動を板書とともに振り返り，単位分数に着目していることを押さえる。

どれくらいの
大きさかな？

授業の流れ

1 どれくらいの大きさかな？

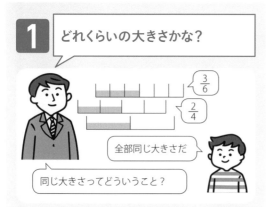

全部同じ大きさだ

同じ大きさってどういうこと？

数直線の図を提示する。その際，上のようにばらばらに提示しながら子どもたちに問う。「$\frac{3}{6}$」「$\frac{2}{4}$」「$\frac{1}{2}$」とテンポよくやりとりをする中で「同じ大きさだ」「半分だ」という子どものつぶやきを取り上げ「同じ大きさってどういうこと？」と問い返していく。表し方は違うのに，大きさが同じということに気付かせる。

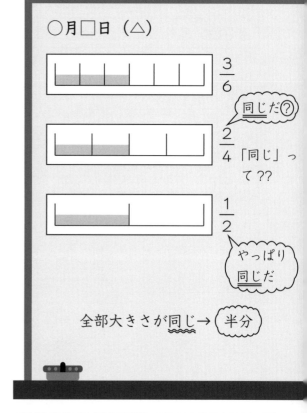

○月□日（△）

$\frac{3}{6}$

同じだ？

$\frac{2}{4}$

「同じ」って??

$\frac{1}{2}$

やっぱり同じだ

全部大きさが同じ→半分

2 では，並べ替えてみよう

きれいに並べ替えたら分かりやすい

間に入る分数もあるよ

まずは，提示した3つの分数を並べていく。$\frac{1}{2}$と$\frac{1}{4}$の間に$\frac{1}{3}$が見えることなど，「間に入るものがある」というつぶやきや，間を空けて図を置く姿を見逃さず，「間に入る分数もあるんだね」という視点を価値付けておく。

3 並べてみたら何が見える？

半分が見えるよ

板書のように縦に並べると，$\frac{1}{2}$と同じ大きさが見える。分母が異なるが，同じ大きさの分数があることを確認する。「まだ半分の分数があるよ」という言葉と，先ほどの「間がある」という話を合わせて，「間にある分数も入れて，並べていこう」と「□□□□」のものを加えて，10までを並べる。

9 小数、小数のたし算とひき算

10 式と計算

11 分数

12 変わり方

13 面積

14 小数のかけ算・わり算

15 立方体・直方体

本時の評価
・分数の特徴として大きさの等しい分数があることを捉え，数直線を使って説明することができたか。

準備物
・分数の数直線カード
・数直線ワークシート

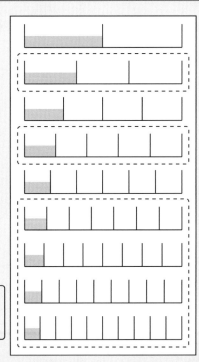

どれくらいの大きさかな？

きれいにならべかえたい!!

ならべかえたら何が見えた？

$\frac{1}{2}$ も $\frac{2}{4}$ も $\frac{3}{6}$ も半分になってる！

他の半分もあるよ!!

$\frac{1}{2} = \frac{2}{4} = \frac{3}{6} = \frac{4}{8} = \frac{5}{10}$

分母がちがっても大きさの等しい分数はたくさんある。

他に気付いたことは？

分子が1の分数を見てみると

$\frac{1}{2}$ $\frac{1}{3}$ $\frac{1}{4}$ $\frac{1}{5}$ $\frac{1}{6}$ $\frac{1}{7}$ $\frac{1}{8}$ $\frac{1}{9}$ $\frac{1}{10}$

（大）←　　　　　　　　　→（小）

同じ分子の分数は分母が大きくなると大きさは小さくなる。

---

4 他にも気付いたことはある？

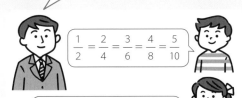

$\frac{1}{2} = \frac{2}{4} = \frac{3}{6} = \frac{4}{8} = \frac{5}{10}$

分子が1の分数を見てみると…

子どもからのつぶやきがなければ「気付いたことはない？」と投げかけ，もう一度数直線を見直す。分子が1になっている分数は分母が大きくなると大きさは小さくなることなどを交流していく。

まとめ

・分母が違っても大きさの等しい分数はたくさんある
・同じ分子の分数は分母が大きくなると大きさは小さくなる

　上の2つの点について，子どもたちの気付きをまとめていく。
　さらに，分子が2の分数も同じように分母が大きくなると大きさは小さくなることや，$\frac{1}{4}$ と $\frac{2}{8}$ が同じ大きさになることなどを発見していくと，第5学年での約分や通分の学習の素地となる。

本時案

たし算だったら どんな式？ ひき算だったらどんな式？

本時の目標

・同分母の分数の加法計算の意味を理解し，その計算ができる。

授業の流れ

1 問題の続きはどうなるかな？

2種類問題が
できると思う

途中まで問題を提示し，「続きはどうなるかな？」と問う。すると，「合わせて何L」というたし算の場面と「どちらのジュースが何L多い」「違いは何L」などひき算の場面の2つを引き出すことができる。

問題の先を予想させる活動は，問題場面への理解を深めることができるとともに，「自分たちで問題場面を創る」という態度を育てることができる。

○月□日（△）

たかしくんの水とうには $\frac{7}{5}$ L
のジュースがあります。
やすこさんの水とうには $\frac{4}{5}$ L
のジュースがあります。

この問題の続きを
考えてみよう

2つ
できる‼

合わせて何Lの
ジュースになり
ますか？

どちらのジュース
が何L多いでしょ
うか？

たし算だ

ひき算だ

---

2 $\frac{7}{5}+\frac{4}{5}=\frac{11}{10}$ だね

分母と分子をそれぞれ
足したんだね

それだと答えがおかしいと思うよ。
だって…

教師が $\frac{11}{10}$ という立場を取ることで，「いや，答えは $\frac{11}{5}$ だ」と主張する子を引き出す。$\frac{7}{5}+\frac{4}{5}$ の計算の仕方については，図や数直線を用いて，単位分数のいくつ分かということから，$\frac{11}{5}$ となることを導き出す。

3 どうして $\frac{11}{10}$ ではだめなのだろう？

図にしたら分かりそう

「$\frac{11}{5}$ と $\frac{11}{10}$ を図に表して比べてみると，$\frac{4}{5}$ の方が大きくなるよ。だからおかしい」というように，根拠をもって $\frac{11}{10}$ ではない理由を話すことは分数の計算への理解を深めるとともに，論理的に説明する力を育てることができる。こうした姿を価値付けていくとよい。

9 小数、小数のたし算と ひき算

10 式と計算

11 分数

12 変わり方

13 面積

14 小数のかけ算・わり算

15 立方体・直方体

本時の評価

・同分母の真分数や仮分数の加減の計算の仕方を単位分数の何個分と捉えて考え，図や式を用いて説明することができたか。

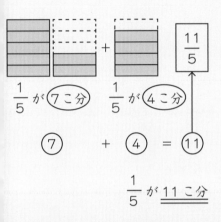

| たし算だったらどんな式？ |

式 $\dfrac{7}{5} + \dfrac{4}{5} = \dfrac{11}{5}$　どうやって計算すればいいのかな？

$\dfrac{1}{5}$ が ⑦こ分　　$\dfrac{1}{5}$ が ④こ分　　$\dfrac{11}{5}$

⑦　＋　④　＝　⑪

$\dfrac{1}{5}$ が 11 こ分

| ひき算だったらどんな式？ |

式 $\dfrac{7}{5} - \dfrac{4}{5} = \dfrac{3}{5}$　どうやって計算すればいいのかな？

$\dfrac{1}{5}$ が ⑦こ分　$\dfrac{1}{5}$ が ④こ分

⑦ － ④ ＝ ③

$\dfrac{1}{5}$ が 3 こ分

帯分数だったらどうすればいいのかな？

まとめ
分数のたし算やひき算は $\dfrac{1}{5}$ をもとにして、7＋4 や 7－4 の計算で考えることができる。

4 ひき算も同じようにできるかな？

たし算と同じように，$\dfrac{7}{5} - \dfrac{4}{5}$ も $\dfrac{1}{5}$ の7つ分と4つ分で 7－4＝3で $\dfrac{3}{5}$ になるんじゃないかな

ひき算についても，計算の式だけで終わるのではなく，図や数直線で表した子どもも取り上げ，確認する。

ひき算でも，たし算と同じ方法が適用できないかと類推して考える姿を価値付けていきたい。

まとめ　分数のたし算・ひき算は $\dfrac{1}{5}$ をもとにして，7＋4や7－4の計算で求めることができる

$\dfrac{1}{5}$ を単位として考え，7＋4，7－4のように計算できることについては，0.7＋0.4などの例から既習の考えが活用されていることにも気付かせたい。さらに，「これで分数のたし算もひき算もばっちりだね」と投げかけ，「帯分数だったらどうするの？」という言葉を子どもから引き出し，次時の課題とする。

本時案

帯分数のたし算の方法を考えよう

本時の目標
・同分母の帯分数の加法計算の仕方を理解し，その計算ができる。

授業の流れ

1 昨日はどんなことを勉強したかな？

分数のたし算とひき算です

授業の最後に「帯分数だったらどうなるかな」という考えが出ました

○月□日（△）

$2\dfrac{2}{5}$ m のテープと $1\dfrac{4}{5}$ m のテープがあります。

合わせて何 m になりますか。

式　$2\dfrac{2}{5} + 1\dfrac{4}{5}$

今日は帯分数だ!!

前時に仮分数や真分数でのたし算，ひき算を学習したことを振り返る。授業の最後に「帯分数だったら」という考えを引き出すことで，「今日は帯分数だ」と，前時とのつながりから授業を進めることができる。

2 帯分数のたし算はどうやって考えたらよいのかな

昨日の仮分数が使えそう

他のやり方でやってみようかな

子どもたちの考えは，仮分数に直して計算する方法と，整数部分と分数部分とを分けて計算する方法が考えられる。

まずは，仮分数に直す方法から意図的に指名し，扱っていくとよい。前時の学習とつながるからである。

3 $2\dfrac{2}{5} + 1\dfrac{4}{5} = \dfrac{21}{5}$ と考えた人がいました

何で答えが仮分数なの？

どうやって考えたんだろう？

式と答えのみを見せると，「あれ？どうやって考えたのかな？」という問いを生み出すことができる。ここから，仮分数に直すと，$\dfrac{21}{5}$ という答えが出ることを確認するとともに，帯分数に直すことから，帯分数は長さのイメージがしやすいことを押さえる。

9
小数、小数のたし算と
ひき算

10
式と計算

11
分数

12
変わり方

13
面積

14
小数のかけ算・わり算

15
立方体・直方体

本時の評価

・同分母の帯分数の加法計算の仕方を帯分数の構造や既習の分数の計算の仕方をもとに考え，図や式を用いて説明することができたか。

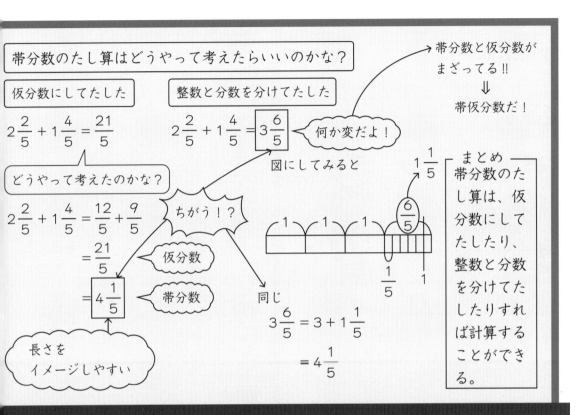

帯分数のたし算はどうやって考えたらいいのかな？

帯分数と仮分数がまざってる!!
⇩
帯仮分数だ！

仮分数にしてたした

$$2\frac{2}{5} + 1\frac{4}{5} = \frac{21}{5}$$

整数と分数を分けてたした

$$2\frac{2}{5} + 1\frac{4}{5} = 3\frac{6}{5}$$

何か変だよ！

どうやって考えたのかな？

$$2\frac{2}{5} + 1\frac{4}{5} = \frac{12}{5} + \frac{9}{5}$$
$$= \frac{21}{5}$$
$$= 4\frac{1}{5}$$

ちがう！？

仮分数

帯分数

長さをイメージしやすい

図にしてみると

同じ

$$3\frac{6}{5} = 3 + 1\frac{1}{5}$$
$$= 4\frac{1}{5}$$

まとめ
帯分数のたし算は、仮分数にしてたしたり、整数と分数を分けてたしたりすれば計算することができる。

---

4 こんな人もいました

$$2\frac{2}{5} + 1\frac{4}{5} = 3\frac{6}{5}$$

これはおかしい

帯分数と仮分数が交ざってる

$3\frac{6}{5}$はおかしいのかな？

　図に表して考えたり，仮分数部分を帯分数に直したりすることで，$4\frac{1}{5}$となることを確認する。また，この交ざっている分数も子どもたちが「帯仮分数」などと名前を付けるのもよい。

まとめ

・帯分数のたし算は仮分数にして足す
・帯分数のたし算は整数と分数を分けて足す

　この2点について押さえるとともに，帯分数と仮分数が交ざった分数についても，その見方の面白さを価値付けることで，次のひき算の場面で，活用されることが予想される。また，本時の学習を振り返ることで，「今日はたし算を学んだ。次は帯分数のひき算だ」と次時への問いを生み出すことができる。

本時案

$2\dfrac{1}{5} - \dfrac{4}{5}$ の計算の仕方を考えよう

8/8

本時の目標

・同分母の帯分数の減法計算の仕方を理解し，その計算ができる。

授業の流れ

1 前の授業で学習したことはどんなことだったかな？

帯分数のたし算をしました

帯仮分数を見つけたね。今日はひき算をやると言っていたよ

　前時の学習を振り返ることで，本時の学習の内容を子どもとともに決めていく。また，帯分数のたし算での解決を振り返ることが，本時の学習の見通しにもつながる。

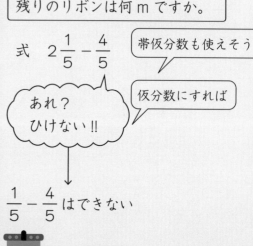

○月□日（△）

$2\dfrac{1}{5}$ m のリボンがあります。
たかしくんは $\dfrac{4}{5}$ m 使いました。
残りのリボンは何 m ですか。

式　$2\dfrac{1}{5} - \dfrac{4}{5}$

帯仮分数も使えそう

仮分数にすれば

あれ？ひけない!!

$\dfrac{1}{5} - \dfrac{4}{5}$ はできない

2 「難しいな」と思うのはどこですか？

$\dfrac{1}{5} - \dfrac{4}{5}$ はできないから，整数と分数を分けてできない

仮分数や帯仮分数を使えばできそうだよ

　場面を提示し立式した後，「難しいなと思うところ」を問うことで，困っている子の思いを顕在化させるとともに，既習を振り返り，仮分数や帯仮分数が使えそうだという見通しをもたせるようにする。

3 仮分数に変えるって，どういうこと？

帯分数を全部仮分数に変えると，$\dfrac{11}{5} - \dfrac{4}{5}$ になる

昨日のたし算と同じだね。全部仮分数にそろえると計算できるんだ

　仮分数にそろえる方法を先に扱う。前時の授業における「仮分数にそろえて分子を足す」という解決方法がそのまま使える。

9 小数、小数のたし算とひき算

10 式と計算

11 分数

12 変わり方

13 面積

14 小数のかけ算・わり算

15 立方体・直方体

本時の評価

・同分母の帯分数の減法計算の仕方を，帯分数の加法計算の仕方をもとに考え，図や式を用いて説明できたか。

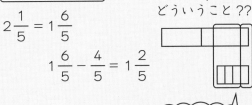

$2\dfrac{1}{5} - \dfrac{4}{5}$ はどうやって計算すればいいかな？

$2 - \dfrac{3}{5}$!?

〈練習〉

① $2\dfrac{3}{4} - 1\dfrac{1}{4}$

② $3\dfrac{2}{5} - \dfrac{4}{5}$

③ オリジナル問題をつくる！

仮分数を使う

$2\dfrac{1}{5} = \dfrac{11}{5}$

$\dfrac{11}{5} - \dfrac{4}{5} = \dfrac{7}{5}$

↓

$1\dfrac{2}{5}$

帯仮分数を使う

$2\dfrac{1}{5} = 1\dfrac{6}{5}$

$1\dfrac{6}{5} - \dfrac{4}{5} = 1\dfrac{2}{5}$

どういうこと？？

先に $\dfrac{1}{5}$ を取る

〈図でたしかめてみる〉

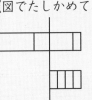

まとめ

$2\dfrac{1}{5} - \dfrac{4}{5}$ のような計算は全て仮分数にしたり帯仮分数を使えば計算することができる。

4 帯仮分数を使うって，どういうこと？

$2\dfrac{1}{5}$ の 2 のうちの 1 だけを繰り下げて，$1\dfrac{6}{5} - \dfrac{4}{5}$ として考えました

$1\dfrac{6}{5}$ が帯仮分数だ

帯仮分数ということの意味を，2 のうちの 1 だけ繰り下げて考えた方法であるということを確認する。帯仮分数という言葉は正式な言葉ではないが，子どもたちのイメージに合う言葉である。こうしたイメージを大切にして学習に取り組みたい。

まとめ 全て仮分数にしたり，帯仮分数を使って考えればいい

　練習問題では，オリジナル問題をつくるように促すと，「繰り下がり」や「帯分数のままの方が簡単」など，単元で学んだ計算の工夫を生かそうとする態度が育つ。

　また，単元全体を通して，「そろえる」というアイデアが随所に使われていることを振り返るようにしたい。

12 変わり方 6時間扱い

単元の目標

- 伴って変わる2つの数量について，表や式，グラフに表して調べることができるようにする。
- 2つの数量の間にどんな関係があるのか，表やグラフから変化や対応の特徴について考える。
- 2つの数量について，その関係を調べ，きまりを見つけたり，表，図，式を用いて説明したりしようとする。

評価規準

知識・技能	伴って変わる2つの数量の関係を，表を用いて変化や対応の特徴を調べたり，□や○などを用いて式に表したり，グラフに表したりすることができる。
思考・判断・表現	伴って変わる2つの数量に着目して，どんな関係があるのか，表から対応のきまりを見いだしたり，グラフから数量の変化の特徴を考えたりして，説明している。
主体的に学習に取り組む態度	2つの数量の関係を表で調べ，きまりを見つけたり，表，図を用いて，説明したりしようとしている。また，2つの数量の関係を式に簡潔に表せることのよさを感じて，今後の生活や学習に活用しようとしている。

指導計画　全6時間

次	時	主な学習活動
第1次 変わり方にきまりがあることに気付く	1	長方形2つでできる形のまわりの長さと，辺と辺がくっついている長さの関係について考える。
第2次 変わり方を表や式やグラフに表して問題解決をする	2	長方形の縦と横の長さの変わり方について，きまりを見つけて，式や表に表して問題解決をする。
	3	正三角形を1列に並べ，まわりの長さの変わり方について，きまりを見つけて，式や表に表して問題解決をする。
	4	正方形を階段状に並べ，段の数に伴って変わるのは何かをまず考える。表をかくことによっていろいろなきまりを見つけて，問題解決をする。
	5	時間に伴って変わる水の量をグラフに表すことによって，簡単に予想できることや分かりにくいことがあることを知る。
	6	図をかくことで，等間隔に植えた木の本数と木と木の間の数の変わり方のきまりを見つけて，問題解決をする。

単元の基礎・基本と見方・考え方

⑴「関数関係」について

　伴って変わる２つの数量があって、その一方の値が定まると、それに伴って他方の値も定まるという関係があるとき、後者は前者の関数であるという。また、これらの２つの数量の間に関数関係があるともいう。例えば、１個300円のケーキを買うとき、買う個数が変わればその代金も変わってくる。ケーキを５個買うとすれば、代金は1500円に定まる。この場合、代金は買う個数の関数であるということになる。

⑵「関数の考え」を育むために

　子どもたちに関数の考えを育むときに、教師は以下のことを意識しておきたい。

（１）子どもが２つの変数を見つけること
（２）子どもが２つの変数に依存関係があるかどうかを考えること
（３）子どもが２つの関係から分かったことを使って問題解決をするということ

　ふと教科書を開いてみると、子どもたちに見つけさせたい変数が、はじめから２つ示されていることが多い。左のように図が示され、「段の数」と「まわりの長さ」の関係を表に表したり、どんなきまりがあるのかを考えたりするというものである。

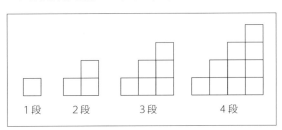

1段　2段　3段　4段

　このように、２つの量の変わり方について学ぶことも大切である。しかし、このような問題にだけ取り組んでいては、与えられている問題に答えているだけで終わってしまい、関数の考えを育むことにはつながっていかない。上の（１）に示したように、本来は、子どもが２つの変数を見つけることが大切である。授業者は授業を構成するときに、変数Ａと変数Ｂが関係していることを、子どもたちが見つけ出すようにする必要がある。そして、（２）で示したように、２つの変数に依存関係があるかどうかを考える場を与えることも重要である。さらには、（３）のように、２つの変数の関係から分かったきまりを使って、問題を解決するというところまで、授業で考えることができるようにしていく必要がある。このようなことを大切にして６時間の授業を構成していくとよい。

　そこで、第１時では、右のような縦３cm、横１cmの長方形を２つくっつけてできる形のまわりの長さを問う（※くっつけ方のルールはp.76を参照）。子どもたちはいろいろな形をつくっていき、まわりの長さを求めていく。その活動の中で、実は「まわりの長さ」は「辺と辺がくっついている長さ」と関係があることに気付いていく。まわりの長さが14cmになるときには、いつも辺と辺が１cm分くっついているというきまりを子どもたち自らが見つけることが大切なのである。提示物などの準備は大変だろうが、ぜひ、実践していただきたい。どうして、そのような関係になっているのかについても考えることができれば、子どもたちの「関数の考え」は、さらに育まれていく。

1 cm

3 cm

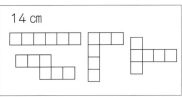

14 cm

本時案

まわりの長さは
何 cm かな？

授業の流れ

1 縦 3 cm，横 1 cm の長方形の
まわりの長さは何 cm かな？

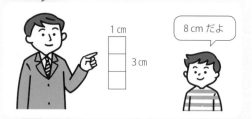

縦 3 cm，横 1 cm の長方形をいくつも準備しておく。はじめに，黒板に長方形を 1 枚貼り，まわりの長さが何 cm になるのかを尋ねる。

2 長方形を 2 つにして，長方形の辺と辺をくっつけていろいろな形をつくったら，まわりの長さは何 cm になるかな？

2 つの長方形の辺と辺をくっつけて，いろいろな形をつくって，まわりの長さが何 cm になるのかを調べる。

（ルール）

辺と辺をくっつけるときは，マスがずれないようにする。マスがずれたり，重ねたりすることはしない。

まわりの長さは何 cm かな？

1 cm

3 cm

まわりの長さは
8 cm

$$1 \times 2 + 3 \times 2 = 8$$
$$(1 + 3) \times 2 = 8$$

長方形を 2 つにする。

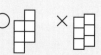

・辺と辺をくっつける。
・マスはずらさない。
・重ねない。

3 14cm になる形を見つけたよ

まわりの長さは，10cm，12cm，14cm の 3 つのパターンができる。14cm になる形が一番多くできるので，14cm のものから扱う。

10 cm　　12 cm　　14 cm

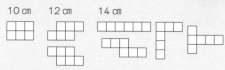

「14cm になる形を見つけた人は貼ってみよう」と言い，黒板に貼らせる。

本時の評価

・2つの長方形（縦3cm，横1cm）をくっつけてできた形を見て，まわりの長さが何cmになっているのかを，辺がくっついている長さから求めることができたか。

準備物

・縦3cm，横1cmの長方形の掲示物（実際の長さは長い方がよい）20枚程度

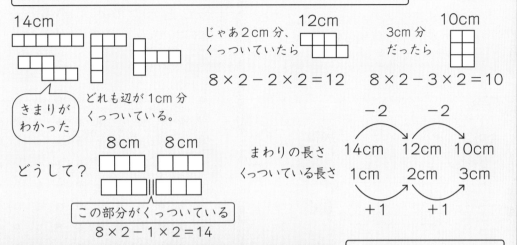

まわりの長さが10cm，12cm，14cmになる形を子どもたちはつくるが，14cmのものから扱うとよい。14cmのものが一番多いからである。14cmになるものを何枚も貼っていくと，いつも辺と辺がくっついている長さが1cmになっていることに気付きやすい。

くっついている長さが1ふえると，まわりの長さは2へる。

4 まわりの長さが14cmになっている形には，共通点はありますか

きまりが分かったよ。14cmになるときは，どの形も辺が1cm分くっついているよ

　「まわりの長さ」と「辺がくっついている長さ」には依存関係がある。まわりの長さが14cmになるときは辺が1cm分くっついている。それが分かったら，12cm，10cmのときにも同じようなきまりがあるかどうか，子どもたちに考えさせてみよう。

まとめ

　伴って変わる2つの量について学ぶとき，子どもたちがこの2つの量を見つけることが大切になる。さらに，2つの変数の関係から分かったことを使って，問題を解くということも大切である。時間があれば，「まわりの長さ」と「長方形と長方形の辺がくっついている長さ」には，どうして依存関係があるのかについても扱いたい。

　この実践は子どもたちが着目できるよう，あえて対応するものが3つしかない閉じた場合を取り扱っている。

本時案

縦の長さと
横の長さを表に
整理しよう

授業の流れ

本時の目標
・縦の長さと横の長さの関係を表に整理することで，この2つの数量の和が一定になっていることに気付くことができる。

1 まわりの長さが16cm になる長方形や正方形をたくさんかいてみよう

何種類もかけそうだな

ドットが入った紙を子どもたちに配り，まわりの長さが16cm になる長方形や正方形をかかせる。何種類もかくことで，全員がしっかりとイメージがもてるようにする。

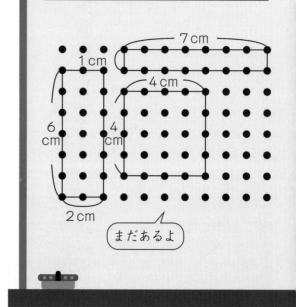

まわりの長さが 16 ㎝の長方形や正方形のたての長さと横の長さを紙にかこう。

7cm
1cm
4cm
6cm
4cm
2cm

まだあるよ

2 縦の長さと横の長さをこの紙にかいてみよう

たて	1	4	6	2
横	7	4	2	6

縦の長さを上，横の長さを下に書けるように紙を準備しておく。その紙をあえてバラバラになるように4枚ほど貼っていく。

3 並べ替えると表みたい

並べ替えて表にしてみよう。隙間の数は何になるかな？

子どもたちから「並べ替えたい」「表みたい」「表にしてみよう」という言葉を引き出したい。その後，表の隙間の数がどんな数になるかを考えさせる。

9 小数、小数のたし算とひき算と

10 式と計算

11 分数

12 変わり方

13 面積

14 小数のかけ算・わり算

15 立方体・直方体

本時の評価

・縦の長さと横の長さの関係を表に整理して，和が一定になっている関係を使って問題解決をすることができたか。

準備物

・縦横１cmにドットが入っている紙（児童用）
・ドット（提示用）
・たての長さと横の長さをかく紙

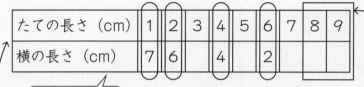

表にしてみよう

たての長さ（cm）	1	2	3	4	5	6	7	8	9
横の長さ（cm）	7	6		4		2			

たての長さが8cm、9cmになることはない

きまりがあるよ

ならべかえると表みたい

たての長さ→	1	4	6	2
横の長さ→	7	4	2	6

表をたてに見る
1＋7＝8
4＋4＝8
6＋2＝8
2＋6＝8

いつも8になっている

たて□cm、横○cm とすると
□＋○＝8
たてが3cmのとき
3＋○＝8
○＝5
たてが5cmのとき
5＋○＝8
○＝3

子どもたちは「増えると増える」という２つの数の関係には，日頃から接することが多いが，「増えると減る」という２つの数の関係にはあまり慣れていないので，しっかりと考えさせたい。

式を書くとかんたんにわかる。

4 縦の長さを□cm，横の長さを○cmとすると，どんな式で表せるかな

□ ＋ ○はいつも8になっているよ

伴って変わる２つ量のきまりは，関係を表で表したり，式で表したりすると，分かりやすくなることを子どもたちに実感させる。

まとめ

本時は，長方形や正方形のまわりの長さが一定なとき，「縦の長さ」と「横の長さ」に依存関係があることを扱っている。

本時では，伴って変わる２つの数量を見つけ出すことではなく，この２つの数量の関係を表と式に表し，その関係について考えることを大切にしている。

本時案

正三角形の
まわりの長さを
求めよう

授業の流れ

本時の目標

・正三角形の数とまわりの長さの関係について、表に表したり、式に表したりして、きまりを見つけることによって、問題を解決する。

1 1つの辺の長さが1cmの正三角形を一列に並べます。10枚の正三角形を並べるとまわりの長さは何cmになるでしょう

どうやって
正三角形を
並べるのかな

本時は正三角形10枚を一列に並べたときのまわりの長さについて考える。

しかし、いきなり10枚の正三角形を一列に並べるといっても、子どもたちには問題の意味が分からないかもしれない。そこで、はじめに1枚から順番に全員で考えていく。

1枚のときは、3cm

2枚のときは、4cm

3枚のときは、5cm

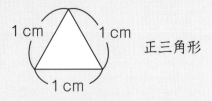

正三角形のまわりの長さは何cm？

1cm　　1cm

1cm

正三角形

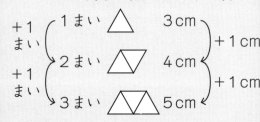

正三角形の数　　まわりの長さ

+1
まい { 1まい △　　3cm }
+1cm

+1
まい { 2まい △△　4cm }
+1cm

{ 3まい △△△ 5cm }

きまりが
わかった

正三角形が1まいふえると
まわりの長さは1cmふえる

2 正三角形の数とまわりの長さの関係を表に表そう

正三角形の数 （まい）	1	2	3	4	5
まわりの長さ （cm）	3	4	5	6	

3枚ぐらいまで全員でまわりの長さを表にまとめていくと、「きまりが分かった！」「正三角形の数が1枚増えると、まわりの長さも1cm増える」「正三角形の数に2を足せばまわりの長さになる」という声が聞こえてくるはずである。ここで考えをしっかりと共有する。

3 正三角形を10枚並べなくても10枚のときのまわりの長さは分かると思うよ

子どもたちに「正三角形を10枚並べてみないとまわりの長さは分からないよね」と言ってみる。子どもたちはきっと、「並べなくても分かる」と言って、表の続きを書き始めたり、式に表したりするはずである。

ここで正三角形の数を○まい、まわりの長さを□cmとすると、どんな式で表すことができるのか考える。

本時の評価
・正三角形の数とまわりの長さの関係を表に整理して、差が一定になっている関係を使って問題解決をすることができたか。

準備物
・正三角形の模型（掲示用）
　10枚

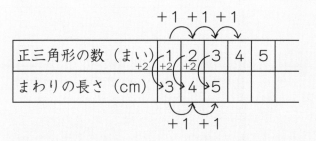

正三角形が10まいのときのまわりの長さは？

＋1 ＋1 ＋1

正三角形の数（まい）	1	2	3	4	5
まわりの長さ（cm）	3	4	5		

＋1 ＋1

$3+1+1+1+1+1+1+1+1+1=12$
$3+1×9=12$

正三角形の数を○まい
まわりの長さを□cmとすると、
$○+2=□$

正三角形が50まいのとき
$50+2=52$
まわりの長さ 52cm

もしも一辺の長さが
2cmになったら
どうなるかな

1まい △ 6cm
2まい △△ 8cm
3まい △△△ 10cm

4 正三角形の数がもっと増えても
まわりの長さは分かるかな？

正三角形の数が
50枚になっても
分かるよ

10枚のときのまわりの長さが分かれば、問題を広げていきたい。ここで教師が正三角形の数を決めるのではなく、子どもたちにその数を決めさせるとよい。○＋2＝□という式を使って考えられるようにしていきたい。

まとめ

　本時では、正三角形の数とまわりの長さの関係を表や式に表して、問題を解決している。10枚の正三角形を実際に並べなくても、表や式に表すことで、まわりの長さを求めることができるよさを子どもたちに実感させたい。
　また、活動4のように、自分たちで新しい問題をつくるという経験をさせていくことで、発展的に考察する力を伸長することができる。一辺の長さが1cmではなく、2cmの場合ならどうなるかなどについても、考えさせたい。

本時案

正方形の階段の まわりの長さは 何 cm かな？

授業の流れ

1 何の数量が変わりますか

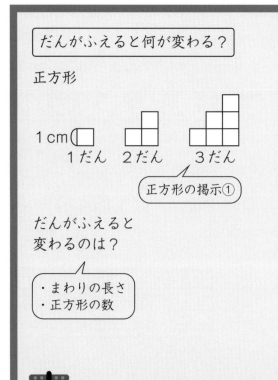

> だんがふえると何が変わる？
>
> 正方形
>
> 1 cm ☐
> 1 だん 2 だん 3 だん
>
> 正方形の掲示①
>
> だんがふえると 変わるのは？
>
> ・まわりの長さ
> ・正方形の数

> 段が増えると正方形 の数とまわりの長さ が増えていくよ

1 つの辺の長さが 1 cm の正方形を並べて階 段のような形をつくる。

　段が増えていくと，何の数や量が変わるのか を考えさせたい。第 1 時にも考えさせたが， 伴って変わる 2 つの数量が何なのかを子ども たちが見つけることが大切である。

2 このとき，まわりの長さは何 cm でしょうか

　このように図の下の部分だけ見えるように提 示する。「段の数は 9 段だよ。だって，一番下 の正方形の数と段の数は同じだから」というよ うに，2 つの量に関係があることを子どもた ちから引き出したい。

3 表をかくとまわりの長さは分かる と思うよ

だんの数 (だん)	1	2	3	4	5
まわりの長さ (cm)	4	8	12		

　子どもたちは表を書いて考えることに慣れて きているので，上のように発言する子どもも現 れるはずである。そのときは，しっかりと価値 付けたい。そして，だん数を○，まわりの長さ を□で表すと，どんな式になるのか，考えさせ ていく。

9 小数、小数のたし算とひき算と

10 式と計算

11 分数

12 変わり方

13 面積

14 小数のかけ算・わり算

15 立方体・直方体

本時の評価

・段の数とまわりの長さ，段の数と正方形の数の関係を，それぞれ表に整理して，きまりを見つけて問題解決をすることができたか。

準備物

・正方形の掲示①
・正方形の掲示②

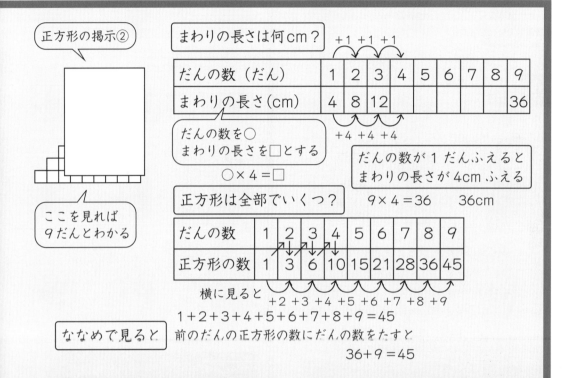

正方形の掲示②

ここを見れば
9だんとわかる

まわりの長さは何cm？

だんの数（だん）	1	2	3	4	5	6	7	8	9
まわりの長さ(cm)	4	8	12						36

+1 +1 +1

+4 +4 +4

だんの数を○
まわりの長さを□とする

○×4＝□

だんの数が1だんふえると
まわりの長さが4cmふえる

9×4＝36　　36cm

正方形は全部でいくつ？

だんの数	1	2	3	4	5	6	7	8	9
正方形の数	1	3	6	10	15	21	28	36	45

横に見ると　+2 +3 +4 +5 +6 +7 +8 +9

1+2+3+4+5+6+7+8+9＝45

ななめで見ると　前のだんの正方形の数にだんの数をたすと

36＋9＝45

---

4 9段のとき，一辺が1cmの正方形の数はいくつあるかな？

表を横に見ると、正方形の数は、2，3，4と増えているよ

式で表して正方形が全部でいくつあるのかを求める子どももいるだろう。そのときは，

1 + 2 + 3 + 4 + 5 + 6 + 7 + 8 + 9

10×4+5

などの工夫をさせたい。

また，表に表すと，これまでとは違うきまりを見つけることができる。

まとめ

　第3時までは表を縦に見たり，横に見たりして，きまりを見つけることができた。活動4では，表を斜めに見ることできまりを見つけることができる。「前の段の正方形の数に段の数を足すと，その段の正方形の数になる」というきまりである。表のいろいろな見方を子どもたちに学ばせたい。

本時案

変わり方を
グラフに表そう

本時の目標

・時間に伴って変わる水の量をグラフに表すことで，問題を解決することができる。

授業の流れ

1 浴槽に水を入れたときの表を見せるよ

時間（分）	0	2	4	6	8	10	12
水の量（L）				9	12	15	18

えっ、表が全部見えないよ

「これは浴槽に水を入れるとき，かかった時間とたまった水の量を表した表です」と言って，上の表を見せる。

このように3つの数を隠して見せることで，「見えなくても分かるよ」「0分のときは水がたまっていないから水の量が0になるよ」「水の量が3Lずつ増えているよ」などの言葉を子どもたちから引き出したい。

浴そうに水を入れるよ

時間（分）	0	2	4	6	8	10	12
水の量（L）				9	12	15	18

見えなくてもわかるよ

3Lずつふえている

かくれているところは、0、3、6だよ
表を横に見ると

14分　16分
21L　24L

2分で3L
1分で1.5L

15分はこの間

21+1.5＝22.5
22.5L

> 表の一部を隠すことで，水の増え方が一定であることを引き出す。

---

2 表の隠れているところには，どんな数が入るかな

3Lずつ増えているから……

表の見えている部分を見れば，水の量が3Lずつ増えていることは分かる。ただし，1分ではなく2分で3L増えていることに気を付けないといけない。9−3−3−3＝0などの式が出れば，3が何を表しているのかを問うとよい。

---

3 15分後に水は何L入っているかな

15分は表にないね

1分で1.5Lたまると思うよ

15分後に水が何L入っているのかを問う。子どもたちは表の続きを書いて考えるだろう。「14分で21L，16分で24L。15分は14分と16分の間だから」「2分で3Lということは1分で1.5L」「だから15分は…」などの言葉を丁寧に扱っていく。

9	小数、小数のたし算と
10	式と計算
11	分数
12	変わり方
13	面積
14	小数のかけ算・わり算
15	立方体・直方体

本時の評価

・水を入れた時間とたまった水の量の関係について，表をみて考えたり，グラフに表したりして，問題解決をすることができたか。

準備物

・表（活動①に使う）
・グラフ用紙（提示用）
・グラフ用紙（児童用）

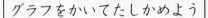

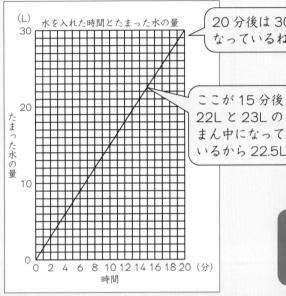

グラフをかいてたしかめよう

直線をのばすとわかる

20分後は30Lになっているね

直線になっている

ここが15分後
22Lと23Lのまん中になっているから22.5L

伴って変わる2つの量の関係をグラフに表すことで，その変化を視覚的に捉えられるようにする。

4 グラフをかいて確かめてみよう

点と点をつなぐと直線になっているよ

グラフのよさを子どもたちに理解させたい。グラフをかくときには，縦軸と横軸にそれぞれ何をかくかを確認し，12分までのグラフをかく。直線になっていることを子どもたちから引き出し，16分までの続きをかく。そうすると，15分のとき水の量が22.5Lであることを読み取ることができる。

まとめ

　子どもたちは表からの情報だけでも十分に考えることができるだろうが，本時ではグラフのよさを子どもたちに実感させたい。

　グラフのよさが分かれば，子どもたちに問題を広げさせたい。例えば「20分後には何Lたまるでしょう」とした場合，子どもたちは「グラフの線を伸ばせば分かるよ」と言うだろう。グラフを使って考えようとする子どもの姿を価値付けていきたい。

本時案

木を植えたとき の距離を考えよう

本時の目標

・図をかくことで伴って変わる2つの量を見つけて，問題を解決することができる。

授業の流れ

1 4mおきに木を植えていきます。木を6本植えると，はじめに植えたところから6本目に植えたところまで何m?

この問題は植木算と呼ばれるものである。

「木の本数」と「木と木の間の数」が違うところが，子どもたちにとって難しいところである。「木の本数－1＝木と木の間の数」という2つの量の関係が分かった上で，4mに「木と木の間の数」をかけていかなくてはならない。

これまで，表や式，グラフに表して，伴って変わる2つの量について考えてきたが，本時では，図をかいてイメージすることも大切にしていく。

きょりは何m?

4mおきに木を植えていきます。
木を6本植えると、はじめに植えたところから6本目に植えたところまでのきょりは何mになりますか。

式は、4×6で合っているかな？

4×5だと思う

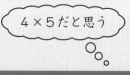

子どもたちは問題に出てくる数に着目して式を立てることが多い。あえて4×6という間違いの式を扱うことで，イメージをもつことが大事だという経験をさせたい。

---

2 式は4×6だと思うけど，どう？

4と6という数があるから4×6でいいと思うよ

なんか違う気がするなあ

問題を出したら，まずは「式は4×6と思うけど，どうかな？」と子どもたちに言ってみる。問題に出ている数が4と6なので，4×6でいいと考える子どもも多いからである。

---

3 どっちが正しいのか図をノートにかいて考えよう

4×5だと思う

間は5つしかないよ

「4×5だと思う」という意見が出てくれば，「どっちが正しいのか図をかいてみよう」と言い，図をノートにかかせてみる。

9 小数、小数のたし算と ひき算と

10 式と計算

11 分数

12 変わり方

13 面積

14 小数のかけ算・わり算

15 立方体・直方体

本時の評価

・木の本数と木と木の間の数の関係について，図をかいて考えたり，式に表したりして，問題解決をすることができたか。

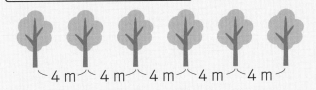

図をかいてたしかめよう！

～4m～4m～4m～4m～4m～

木が23本のときは、きょりは何m？

23本かくのはめんどくさい

○－1の○に23を入れる

23－1＝22
4×22＝88　　　答え　88m

木の本数を○とすると間の数は○－1になる

だから木が6本のとき
6－1＝5
木と木の間は5つ

式は、4×5が正しい　答え 20m

はじめに木を植えたところからのきょりが68mのとき、木は何本？

式　68÷4＝17
　　17＋1＝18　　　答え　18本

時間があれば，上に示したように，はじめに木を植えたところからの距離が分かっている問題を出してもよい。

4 23本植えたとき，はじめに植えたところからの距離は何mかな？

間の数は表で表すとよく分かるよ

木の本数が6本の場合が解決すれば，次に23本植えたときの距離を尋ねる。23本の木の図をかくのは大変なので，「木の本数」と「木と木の間の数」の関係を考える必要がある。この2つの関係を，子どもたちが表や式で表すことができるようにする。

まとめ

本実践では，次の2つのことを大切にしたい。一つは，「木の本数」と「木と木の間の数」の関係をつかむために図をかくということ。もう一つは，「木の本数」と「木と木の間の数」の関係を表や式で表すことである。

木が6本の場合，23本の場合が分かれば，植えた距離が分かっているときの木の本数を尋ねたり，木と木の間の距離を変えたりして，考えさせるとよいだろう。

13 面積 （11時間扱い）

単元の目標

　正方形や長方形といった図形の面積について，単位と測定の意味を理解し，面積の単位や図形を構成する要素に着目して面積の求め方について考え，それらを用いることができるようにすることがねらいとなる。また，面積の単位間の関係についても，実感をもって理解できるようにすることも大切である。

評価規準

知識・技能	面積の単位について理解し，それらを活用して正方形や長方形の面積を求められることやその求め方，面積の単位間の関係を理解するとともに，面積についての量感を身に付けている。
思考・判断・表現	単位面積や図形の構成要素に着目して，単位面積の何個分かで数値化することや辺の長さを用いて面積を求めることについて考え，説明している。
主体的に学習に取り組む態度	面積の求め方について，第3学年までの量を測定する学習を踏まえて，統合的に理解しようとしている。さらに，生活の中の面積や複合図形についても学習したことを活用しながら，進んで求めようとしている。

指導計画　全11時間

次	時	主な学習活動
第1次 広さの表し方と 単位面積 1 m^2	1	1 m の柵で囲いをつくり，その広さ比べをする活動を通して，単位正方形の存在に気付き，それを用いれば広さを数値で表現できることを見いだす。
	2	1 m^{2}の単位正方形を見いだすことができ，その正方形の個数を縦×横で求めることができることを見いだす。
	3	縦×横で表せない面積の形があることに気付き，1 m^{2}の単位正方形の個数で面積を求めればよいことを見いだす。
第2次 長方形と正方形の面積 と単位面積 1 cm^2	4	1 m^{2}より小さい単位の必要性に気付き，1辺が1 cmの正方形を単位とすることを見いだす。
	5	様々な形の 1 cm^{2}をつくれることが分かり，進んでいろいろな形の 1 cm^{2}の形をつくる。
	6	面積公式の式の数値の単位を明らかにする活動を通して，面積公式の意味を理解する。
第3次 面積の単位の関係と 様々な形の面積	7	縦と横の長さの単位が異なる長方形の面積を求める活動を通して，1 m^{2}と1 cm^{2}の大きさの関係について考え，理解する。
	8	縦と横の長さの単位が異なる長方形の面積を求める活動を通して，単位をそろえて面積を求めることを見いだす。
	9	広い面積を求める活動を通して，1 km^{2}を単位として面積を求めることができることを見いだす。
	10	面積の単位間の関係を見いだし，理解する。
	11	複合図形について，「埋める・切る・移動する・合わせる」などの方法を用いて，工夫した面積の求め方を見いだす。

9 小数、小数のたし算とひき算

10 式と計算

11 分数

12 変わり方

13 面積

14 小数のかけ算・わり算

15 立方体・直方体

単元の基礎・基本と見方・考え方

　面積の求め方については、効率的・能率的な求め方を探求し、公式として導き、導いた公式を活用できるようにすることが大切である。その際に、既習の測定の学習を振り返り、単位を見いだすことで量は数値化できるということを統合的に理解できるようにする。また、面積の単位間の関係についても、実際に図をかかせる、日常生活上の広さの測定などを通して、実感を伴う理解をさせるようにする。

⑴面積の意味と求め方

　面積は、単位正方形のいくつ分で求めることができる。その単位正方形が長方形状に並んでいれば、個数を求めるためにかけ算を用いることができる。そのかけ算の計算をするときの数値は、辺に着目して辺の長さを測定することで決まる。その辺が 1 cm を単位とした長さであれば、面積は 1 cm^2 を単位にして表すことになり、1 m を単位にした長さであれば 1 m^2、1 km を単位とした長さであれば 1 km^2 を単位として面積を表すことになる。

⑵面積とまわりの長さ

　面積とまわりの長さについては、基本的に依存関係はない。そのことを理解させるために、第3時に、1 m の柵18本を用いて、徐々に面積を小さくしていく囲いづくりの活動を仕組んでいる。

18m^2	→ 17m^2	→ 16m^2

⑶図形の見方と面積

　正方形と長方形の面積の求め方を学習した後に、長方形（正方形）を組み合わせた複合図形の求積を行う。ここで大切なことは、図形の見方を働かせて長方形や正方形に帰着させることである。

　そのためには、「埋める・切る・移動する・合わせる」といったアイデアを自ら想起し、柔軟に活用できなければならない。しかしながら、アイデアを想起するのが困難な子どもは少なくない。そこで、第11時では、正方形が3つ組み合わさったような複合図形を扱うことで、多様なアイデアを想起しやすくなるようにしたのである。

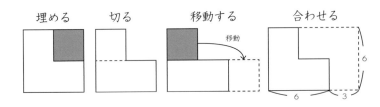

埋める　切る　移動する　合わせる

⑷面積の単位

　面積の単位に関して、長さの学習を振り返ることで、1 m^2＝100cm^2 という間違いをする子どもは少なくない。そのような間違いを教師が正すのではなく、第4時や第10時のように、実際に子どもに図で表現をさせながら、自ら修正させていき、実感を伴う理解ができるようにすることが大切である。

　また、面積の単位については、a、ha も扱うが、個別にその意味を理解させるのではなく、第10時のように、他の単位との関係の中で理解させるようにすることが大切である。

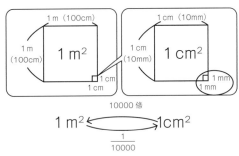

本時案　授業 DVD

同じ広さと 言えるかな？①

1/11

本時の目標

・1 m の柵で囲いをつくり，その広さ比べを する活動を通して，単位正方形の存在に気付 き，それを用いれば広さを数値で表現できる ことが分かる。

授業の流れ

1 どんな大きさの囲いができそう？

まわりの長さが18 m の囲い

まわりの長さは 18 m だか ら，つくる囲いは，どれも 同じ広さになりそうかな？

ならないと思う。いろいろ な広さの囲いができそう

　「面積」の導入授業である。1 m の柵を用い て様々な広さの囲いをつくる活動を通して，そ の広さの違いに着目し，1 m² の存在を見いだ していく。まずは，「どんな囲いをつくって も，まわりの長さは18 m だから広さは同じに なるのか」を問い，「いろいろな広さの囲いが できそう」という気付きを引き出し，囲いづく りの活動へと展開していく。

1 m

のさくを18 本 使って動物をかう囲いをつく りましょう。 ※さくの角は直角になるよう にする。

どんな大きさの囲いができそう？

さくは 18 本だからまわり の長さは 18 m

まわりの長さが 18 m ならつくる 囲いは、どれも 同じひろさに なるかな？

ならないと思う

いろいろな ひろさの囲いが できそう

---

2 「一番狭い」と思う囲いをつくっ てみよう

一番狭いってことは，ど れも同じ広さでしょ。で もそうは見えないなぁ

　子どもに自由につくらせれば，上のような形 の異なる図が表現されることが想定される。そ こから，「一番狭いなら，形は違うが同じ広さ なのか？」という問いをもたせる。

3 形が違うのに，どうして同じ広さ と言えるの？

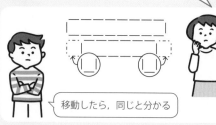

移動したら，同じと分かる

　「移動して同じ形にする」という発想が生ま れることが想定される。この発想を取り上げ， 「同じ形にできる」ということを押さえる。そ の際に，移動した単位正方形の存在に注視でき るように板書する。

9 小数、小数のたし算とひき算

10 式と計算

11 分数

12 変わり方

13 面積

14 小数のかけ算・わり算

15 立方体・直方体

本時の評価

・1mの柵で囲いをつくり，その広さ比べをする活動を通して，単位正方形の存在に気付くことができたか。
・単位正方形を用いれば，広さを数値で表現できることに気付くことができたか。
・単位正方形を1m²ということを理解することができたか。

準備物

・10cmの棒（提示用）

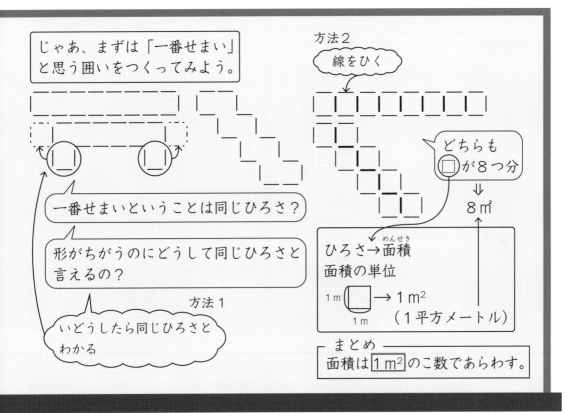

じゃあ、まずは「一番せまい」と思う囲いをつくってみよう。

一番せまいということは同じひろさ？

形がちがうのにどうして同じひろさと言えるの？

方法1

いどうしたら同じひろさとわかる

方法2
線をひく

どちらも□が8つ分
⇓
8m²

ひろさ→面積
面積の単位
1m □ → 1m²
1m （1平方メートル）

まとめ
面積は1m²のこ数であらわす。

4 線を引けば，同じ広さと分かる

どちらも，□が8つある

その□を1m²と言います

線を引いて□の個数で広さを表現するという発想も子どもから出ると想定される。この発想を取り上げ，どれも「□8個分」の広さであることを押さえ，その際に，□1つ分の広さを1m²と言うことを指導する。

まとめ 面積は，□（1m²）の個数で表す

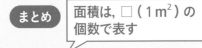

一連の学習の流れを子どもとともに確認しながら，単位正方形の個数に着目すれば広さを数値化できることを押さえ，それを1m²と言うことを再度確認し，まとめとして板書するようにする。

本時案

同じ広さと言えるかな？②

本時の目標

・線で仕切り1m²の単位正方形を見いだすことができ，その正方形の個数を縦×横で求められることを見いだすことができる。

授業の流れ

1 面積が一番大きいと思う囲いをつくってみよう

この2つが面積が大きそうだな！

前時に続き，1mの柵で囲いをつくる授業である。本時は，一番大きいと思われる広さをつくる学習を行う。単位正方形の見いだし方とその数え方に焦点を当てて，授業を構成していく。

まずは，「一番大きいと思われる囲い」をつくるように指示し，実際につくらせる。そこから上記の2つの形を引き出す。

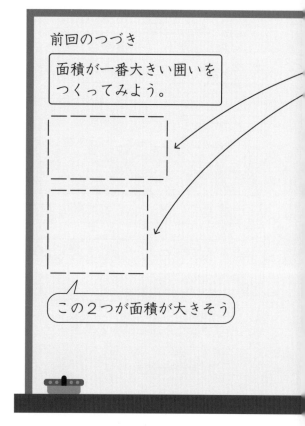

前回のつづき

面積が一番大きい囲いをつくってみよう。

この2つが面積が大きそう

2 ということは，この2つは同じ面積ということだよね

同じかなぁ？

下の長方形の方が大きく見える気がするけど…

「一番大きい」ということは，「同じ広さ」だと問いかけてみる。そこから，「どうも下の方が広そう」などという問いを引き出し，広さ比べの活動へと展開する。

3 また線で仕切って，□（1m²）の個数を数えれば分かる

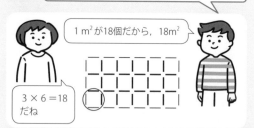

1m²が18個だから，18m²

3×6=18 だね

1m²ごとの単位正方形の仕切りを入れさせ，その個数を数えさせる。その際に，式に表す子どもが出てくることも想定される。その式について，次の場面で問うようにする。

本時の評価
・線で仕切り 1 m² の単位正方形を見いだすことができたか。
・1 m² の単位正方形を数えることで面積を求めることができたか。
・1 m² の単位正方形の個数を縦 × 横で求めることができることを見いだせたか。
・1 m² の単位正方形の個数が縦 × 横で求められることの意味を理解することができたか。

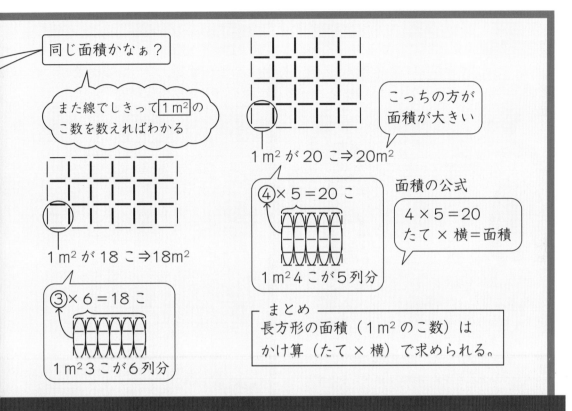

同じ面積かなぁ？

また線でしきって 1 m² のこ数を数えればわかる

こっちの方が面積が大きい

1 m² が 20 こ ⇒ 20m²

④×5＝20 こ

面積の公式

4×5＝20
たて × 横＝面積

1 m² 4 こが 5 列分

1 m² が 18 こ ⇒ 18m²

③×6＝18 こ

1 m² 3 こが 6 列分

まとめ
長方形の面積（1 m² のこ数）はかけ算（たて × 横）で求められる。

4 3×6＝18ってどういうこと？

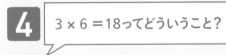

1 m² が縦に 3 個で，それが 6 列分あるでしょ

　式の意味を問うことで，"縦にいくつ"が"横に何列分"」という表現を引き出し，価値付け，丁寧に板書するようにする。

まとめ 長方形の面積（1 m² の個数）は，かけ算（縦×横）で求められる

　もう一つの長方形についても式を用いて面積を求めさせ，その式の意味を子どもとともに確認しながら，長方形の面積は「縦×横」で求められることを押さえ，板書にまとめとして表現するようにする。

本時案

へこませると
いろいろつくれる !?

3/11

授業の流れ

1 19m² の面積の囲いはつくれない?

つくれるよ。1×19＝19のかけ算があるじゃん

でもダメ。柵が18本では足りない

　本時は，面積を求めるとは，いずれにしても 1 m² の単位正方形の個数を数えることと，等周でもいろいろな面積の形があることを理解させる学習である。まずは，前時までの流れから 19m² はつくれないかを問い，柵が18本しかないことから，見いだした 1×19の式ではうまくいかないことに直面させることから始めていく。

18m²、20m² の面積の囲いはできたけど、19m² の面積の囲いはつくれないの?

つくれない

19 になるかけ算はない

あるよ!! 1×19

でもダメだ。さくが18本ではたりない

2 面積って，いつでもかけ算の式にならないといけないの?

そんなことない。20m²より 1 m² 小さければいい

　「面積を求めることとは，いつでもかけ算の式にならなければいけないか」を問う。その問いかけにより，上記のような「20m²より 1 m² 小さければいい」などという反応を引き出させ，次につなげていく。

3 20m² より 1 m² で狭くすることはできないのかな?

あっ，角をへこませればいい! それなら同じ18本でつくれる

4×5－1＝19だ

　「 1 m² 狭くできないか」を問うことで，「へこませる」というアイデアを引き出す。その際に現れる上記のような式は，単元末の「複合図形の面積」の学習で役立つので，価値付けておきたい。

9 小数、小数のたし算とひき算

10 式と計算

11 分数

12 変わり方

13 面積

14 小数のかけ算・わり算

15 立方体・直方体

本時の評価

・19m²の形をつくる活動を通して，縦×横で表せない面積の形があることに気付き，等周の形でも面積が異なることを理解することができたか。
・へこんだ形の面積を，ひき算などを用いて工夫して求めることができたか。

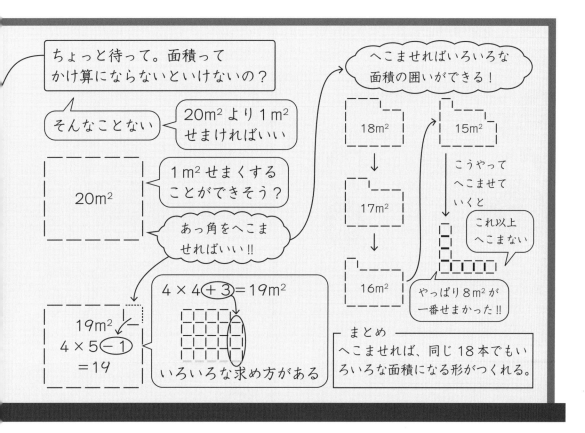

ちょっと待って。面積ってかけ算にならないといけないの？

そんなことない

20m²より1m²せまければいい

20m²

1m²せまくすることができそう？

あっ角をへこませればいい!!

$4 × 4 + 3 = 19m²$

いろいろな求め方がある

19m²
$4 × 5 - 1$
$= 19$

へこませればいろいろな面積の囲いができる！

18m²

15m²

こうやってへこませていくと

17m²

これ以上へこまない

16m²

やっぱり8m²が一番せまかった!!

まとめ
へこませれば，同じ18本でもいろいろな面積になる形がつくれる。

4 へこましていけば，いろいろな面積の囲いができる

16m² 15m²

もうへこまない。やっぱり8m²が一番狭い囲いだったんだ

へこませながら徐々に面積を小さくしていく活動をさせ，面積に対する感覚を養う。その際に，8m²が一番狭い囲いだったことが明らかになったことも確認したい。

まとめ へこませれば，同じ18本でもいろいろな面積になる形がつくれる

一連の流れを子どもとともに振り返り，面積を求めるとは，いずれにしても1m²の単位正方形の個数を数えること，へこませれば様々な形ができる，等周でもいろいろな面積の形があることを確認し，まとめとして板書する。

本時案

1 m² より
小さい面積を
整数で表すには？

4/11

授業の流れ

本時の目標

・1 m² より小さい面積を整数で表現する活動
を通して，1 m² より小さい単位の必要性に
気付き，1 辺が 1 ㎝の正方形を単位とする
ことを見いだすことができる。

1 1 辺が 5 cm の正方形の面積
を求めましょう

1 m² より小さい
面積だ

面積が小数に
なっちゃう

1 cm² の導入である。1 辺が 5 cm の正方形
の面積を問うことで，まずは 1 m² より小さい
ことを捉えさせる。その場合，m² を単位に用
いると面積が小数となることに気付かせること
から始める。そのことから，整数で面積を表現
するためには，1 m² より小さい単位正方形を
単位とする必要があることを見いださせていく
授業構成とする。

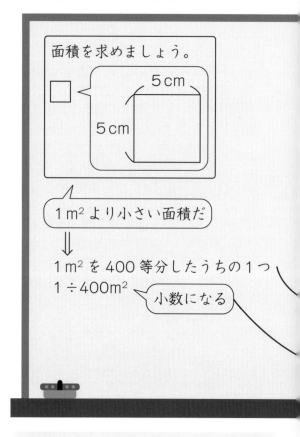

面積を求めましょう。

5 cm
5 cm

1 m² より小さい面積だ

↓

1 m² を 400 等分したうちの 1 つ
1÷400m²

小数になる

2 この正方形が，1 m² のどれだ
けなのか，図にかいてみよう

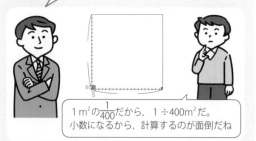

1 m² の 1/400 だから，1÷400m² だ。
小数になるから，計算するのが面倒だね

実際に黒板に 1 m² の正方形をかき，その中
に 1 辺 5 cm の正方形をかき込む。そして，1
m² のどれだけに当たるかを問うことで，1÷
400m² となり，小数で表現することとなる面
倒さを確認する。

3 5cm□5cm の面積は，整数では表すこ
とができないの？

1 より小さいから，
m² では無理だよ

1 m² より小さい正方
形を基準にすれば整
数にできる

どんな正方形を基準にす
れば整数で表現できる？

面積を整数で表現することができないかを問
うことで，「1 m² より小さい正方形を単位と
する必要性がある」という発想が引き出される
よう促す。

9 小数、小数のたし算とひき算

10 式と計算

11 分数

12 変わり方

13 面積

14 小数のかけ算・わり算

15 立方体・直方体

本時の評価

・1 m^2 より小さい面積を整数で表現する活動を通して，1 m^2 より小さい単位の必要性に気付くことができたか。

・1辺が 1 cm の正方形を単位とすることを見いだすことができたか。

・1 cm^2 の単位正方形を用いて面積を求めることができたか。

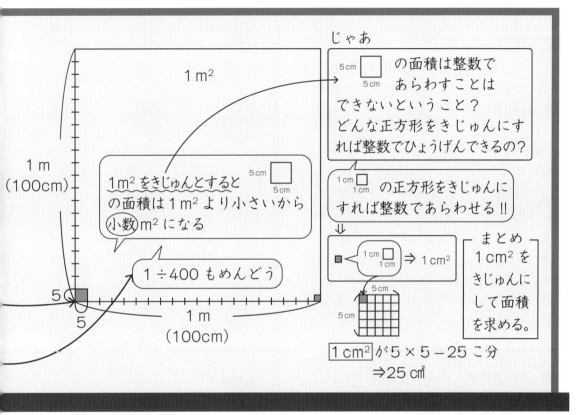

じゃあ

1 m^2 をきじゅんとすると □5cm の面積は 1 m^2 より小さいから 小数 m^2 になる

1 ÷ 400 もめんどう

□5cm の面積は整数であらわすことはできないということ？どんな正方形をきじゅんにすれば整数でひょうげんできるの？

□1cm の正方形をきじゅんにすれば整数であらわせる!!

⇒ 1 cm^2

まとめ
1 cm^2 をきじゅんにして面積を求める。

1 cm^2 が 5 × 5 ＝ 25 こ分
⇒ 25 cm^2

4 □1cm を基準にすれば整数で表せる

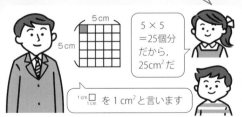

5 × 5
＝25個分
だから，
25 cm^2 だ

□1cm を 1 cm^2 と言います

どんな正方形を基準にすれば整数で表現できるかを問うことで，1辺が 1 cm の正方形を基準とするという発想を引き出し，それを「1 cm^2」と言うことを丁寧に指導し，実際に面積を求めさせる。

まとめ 1 cm^2 を基準にして面積を求める

1 m^2 より小さい面積を整数で表現するための一連の流れを子どもとともに振り返り，1 m^2 より小さな単位の必要性と1辺が 1 cm の正方形を 1 cm^2 とすることを丁寧に確認し，まとめとして板書する。

本時案

いろいろな 1 cm² をかこう！

5/11

本時の目標

- 1 cm² の面積である形は，単位正方形だけではないことに気付き，等積変形すれば様々な形をつくれることが分かり，進んでいろいろな形の 1 cm² の形をつくることができる。

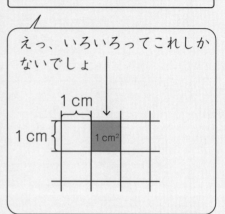

授業の流れ

1 方眼紙に，いろいろな 1 cm² をかきましょう

"いろいろ" ってどういうこと？
1 cm² ってこれだけでしょ

　前時に，1 cm² の正方形を単位として面積を求める学習を行った。しかし，その学習をした子どもたちは，「1 cm² は正方形」と固執して捉えてしまっている可能性がある。

　本時は，その 1 cm² の単位正方形を等積変形するなどして柔軟に捉え直し，面積に対しての見方を広げる学習である。

　まずは，子どもから，「1 cm² は正方形」という見方を引き出すことから始める。

2 1 cm² ってその正方形の形しかないの？

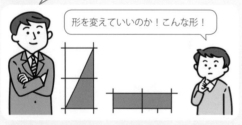

形を変えていいのか！こんな形！

　「正方形の形しかないの？」という問いかけにより，「形を変えていい」という発想を引き出すようにする。そして，子どもにつくらせてみて，そのつくったものを黒板に掲示する。

3 えっ，それ本当に 1 cm² なの？

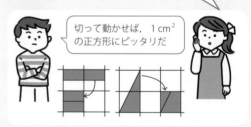

切って動かせば，1 cm² の正方形にピッタリだ

　「本当に 1 cm² なのか？」と疑問に思う子どもは少なくない。そのことを問いとすることで，等積変形の考えを引き出し，共有するようにする。

9 小数、小数のたし算と ひき算

10 式と計算

11 分数

12 変わり方

13 面積

14 小数のかけ算・わり算

15 立方体・直方体

本時の評価

・1 cm² の面積である形は，単位正方形だけではないことに気付くことができたか。
・単位正方形を等積変形することで，いろいろな形の 1 cm² の形がつくれることを理解できたか。
・進んで，いろいろな形の 1 cm² の形をつくることができたか。

準備物

・方眼紙

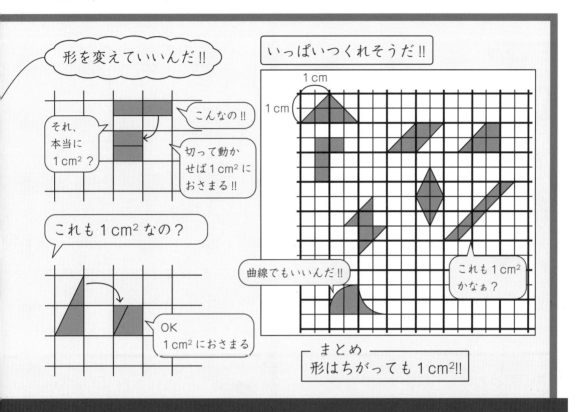

4 それなら，いろいろな 1 cm² がつくれそう！

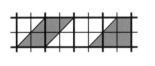 

等積変形の方法を理解した子どもたちは，様々な形の 1 cm² がつくれそうと思い，つくり始める。ここで，自由につくる時間を与えるようにする。ただし，あまりに形が細かくなりすぎないように，5 mm マス単位で変形するように促すとよい。

まとめ 形は違っても 1 cm²

1 m² は単位正方形だけではなく，切って移動するという等積変形をすることで，様々な形に変えることができるという一連の流れを子どもとともに振り返り，それをまとめとして板書するようにする。

本時案

面積公式の意味を考えよう

6/11

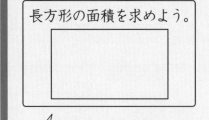

本時の目標

・面積公式の式の数値の単位を明らかにする活動を通して，面積公式の意味を理解することができる。

長方形の面積を求めよう。

たてと横の長さを知りたい

長方形の面積は
たて × 横
で求められるから!!

授業の流れ

1 この長方形の面積を求めましょう

長方形の面積は縦×横で求められるから，縦と横の長さを知りたい

じゃあ，縦 4 cm，横 6 cm のとき，式はどうなりますか？

4 × 6

面積公式は，第 2 時で簡単に扱ってはいるが，ここまでの学習で面積に慣れてきたことから，公式を単に「縦 × 横」と形式として理解してしまっているおそれがある。そこで本時は，式の数値の単位を問い，その意味を明らかにしていくことで公式の意味理解へとつなげていく。

2 その式の 4 と 6 の単位は何かな?

縦と横だから cm でしょ

ということは，（長さ）×（長さ）というかけ算の式なんだね。でも，（長さ）に（長さ）をかけて何が求まるんだろう？

4 と 6 の単位を問うことで，まずは子どもが自然に考えつくであろう「cm」を引き出す。そうすると，式は，「長さ×長さ」になることから，「長さ」に「長さ」をかけて何が求まるのかを問い，疑問をもたせる。

3 そんなかけ算はない。1つ分の量×いくつ分，単位量×倍だった

そうでしたよね。じゃあ，単位がcmではおかしいよね。かけ算の意味で考えたとき，4と6の単位はなんだろう

前の場面の疑問から，既習のかけ算の意味を確認する。そして，そのかけ算の式の意味に照らし合わせると，4 と 6 の単位は何になるのかを再度問うようにする。

9 小数、小数のたし算と ひき算

10 式と計算

11 分数

12 変わり方

13 面積

14 小数のかけ算・わり算

15 立方体・直方体

本時の評価

・既習のかけ算の式の意味から，面積公式の式の数値の単位が㎝では不適切であることを理解することができたか。
・既習のかけ算の式の意味と照らし合わせることで，面積公式の式の数値の単位を「個」「列」「倍」などと見いだし，式の意味を明らかにすることができたか。

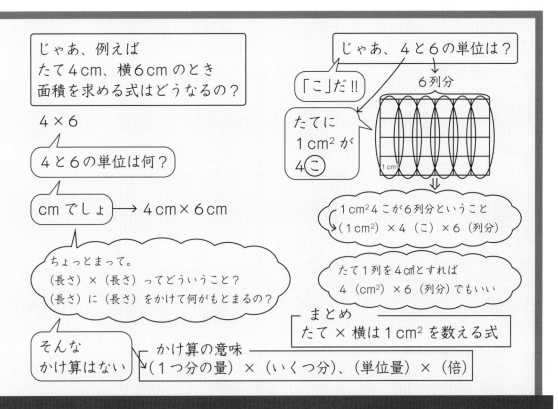

じゃあ、例えば
たて4cm、横6cmのとき
面積を求める式はどうなるの？

4×6

4と6の単位は何？

cmでしょ → 4cm×6cm

ちょっとまって。
（長さ）×（長さ）ってどういうこと？
（長さ）に（長さ）をかけて何がもとまるの？

そんな
かけ算はない

かけ算の意味
（1つ分の量）×（いくつ分）、（単位量）×（倍）

じゃあ、4と6の単位は？

「こ」だ!!

たてに
1cm²が
4（こ）

6列分

1cm²4こが6列分ということ
（1cm²）×4（こ）×6（列分）

たて1列を4㎠とすれば
4（cm²）×6（列分）でもいい

まとめ
たて×横は1cm²を数える式

---

4 個と列だ!!

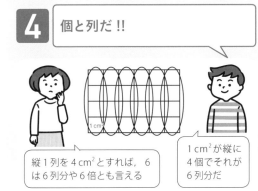

縦1列を4㎠とすれば，6は6列分や6倍とも言える

1cm²が縦に4個でそれが6列分だ

これまでの学習，特に第2時の学習を思い出し，「個」「列」という単位が子どもから出てくることが想定される。その意味を丁寧に確認していくことで，面積公式の意味を明らかにするようにする。

まとめ 「縦×横」は，1cm²の個数を数える式

面積公式の式の数値の単位を明らかにしてきた，一連の学習の流れを子どもとともに振り返り，面積公式の意味を丁寧に確認するようにし，それをまとめとして板書するようにする。

本時案

$1\,m^2$ は$100cm^2$ でいいのかな？

本時の目標

・$1\,m^2$ に$1\,cm^2$ がいくつ敷き詰められている
かを考えていく中で，$1\,m^2=100cm^2$ では
なく，$100\times100=10000cm^2$ であることを見
いだし，理解することができる。

授業の流れ

1 長方形の面積を求めましょう

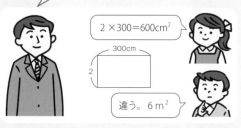

$2\times300=600cm^2$

違う。$6\,m^2$

　縦と横の長さの単位が異なる場合の面積の求
め方の学習である。本時は，$1\,m^2\rightarrow100\times100$
$=10000cm^2$ の理解を確かにする場面である。
長さが$1\,m=100cm$ だから，面積も$1\,m^2=$
$100cm^2$ と誤って捉えている子どもは少なくな
いので，丁寧に学習を進めたい。
　縦の2 は単位を示さず提示している。その
ことから，まずは$600cm^2$ と$6\,m^2$ という2 つの
答えを子どもから引き出す。

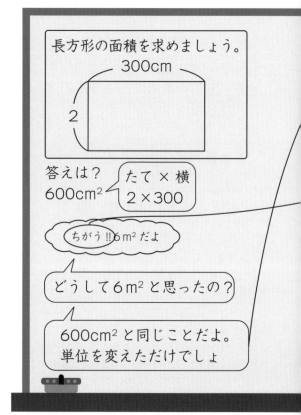

長方形の面積を求めましょう。

300cm

2

答えは？
$600cm^2$

たて × 横
2×300

ちがう!!$6\,m^2$ だよ

どうして$6\,m^2$ と思ったの？

$600cm^2$ と同じことだよ。
単位を変えただけでしょ

2 どうして$6\,m^2$ と思ったの？

$600cm^2$ と$6\,m^2$ は，同じ
ことだよ。
単位を変えただけでしょ。
$1\,m^2=100cm^2$ だから，
$6\,m^2=600cm^2$

　典型的な誤答である。長さが$1\,m=100cm$
だから，面積も$1\,m^2=100cm^2$ と誤って捉えて
いる子どもは多い。そこで，その誤答を引き出
し，修正していくよう授業を構成していく。

3 違う。$1\,m^2=100cm^2$ じゃない

$1\,m=100cm$ だから，面積
も$1\,m^2=100cm^2$ でいいん
じゃないの？

違う。$1\,m^2$ は$100\times100=$
$10000cm^2$ だよ

　あえて，「$1\,m=100cm$ だから，面積も
$1\,m^2=100cm^2$ でいいんじゃないの？」ととぼ
け，問いかける。そこから，$1\,m^2$ は100×100
$=10000cm^2$ という正答をとりあえず引き出す。

本時の評価

・$1\,m^2$ に $1\,cm^2$ がいくつ敷き詰められているかを考えることで，$1\,m^2 = 100\,cm^2$ ではない理由を理解することができたか。

・$1\,m^2$ に $1\,cm^2$ がいくつ敷き詰められているかを，$100 \times 100 = 10000\,cm^2$ であると見いだし，理解することができたか。

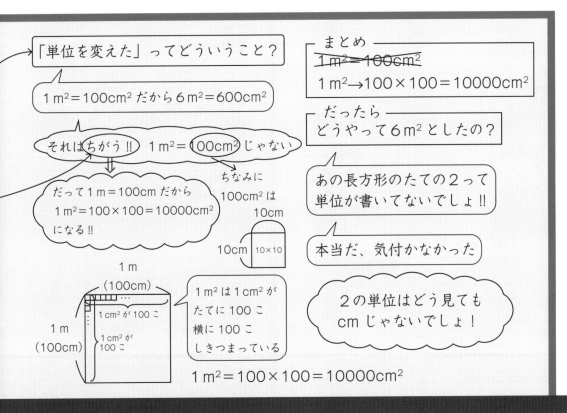

「単位を変えた」ってどういうこと？

まとめ
~~$1\,m^2 = 100\,cm^2$~~
$1\,m^2 \rightarrow 100 \times 100 = 10000\,cm^2$

$1\,m^2 = 100\,cm^2$ だから $6\,m^2 = 600\,cm^2$

だったら
どうやって $6\,m^2$ としたの？

それはちがう!! $1\,m^2 = 100\,cm^2$ じゃない

ちなみに

だって $1\,m = 100\,cm$ だから $1\,m^2 = 100 \times 100 = 10000\,cm^2$ になる!!

$100\,cm^2$ は

あの長方形のたての2って単位が書いてないでしょ!!

$10\,cm$

$10\,cm$　10×10

本当だ、気付かなかった

$1\,m$
（$100\,cm$）

$1\,cm^2$ が 100 こ
$1\,cm^2$ が 100 こ

$1\,m$
（$100\,cm$）

$1\,m^2$ は $1\,cm^2$ がたてに 100 こ横に 100 こしきつまっている

2の単位はどう見ても cm じゃないでしょ！

$1\,m^2 = 100 \times 100 = 10000\,cm^2$

4 どうして 100×100 なの？

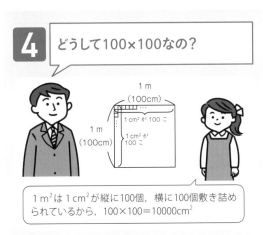

$1\,m$
（$100\,cm$）

$1\,m$
（$100\,cm$）

$1\,cm^2$ が 100 こ
$1\,cm^2$ が 100 こ

$1\,m^2$ は $1\,cm^2$ が縦に100個，横に100個敷き詰められているから，$100 \times 100 = 10000\,cm^2$

100×100になる理由を問うことで，$1\,m^2$ に $1\,cm^2$ がいくつ敷き詰められているかを考えさせ，$1\,m^2 = 100\,cm^2$ ではなく $100 \times 100 = 10000\,m^2$ であることを見いださせる。

まとめ
× $1\,m^2 = 100\,cm^2$
○ $1\,m^2 \rightarrow 100 \times 100 = 10000\,cm^2$

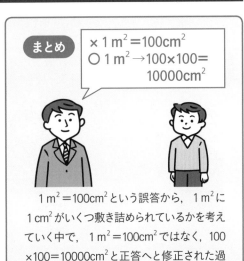

$1\,m^2 = 100\,cm^2$ という誤答から，$1\,m^2$ に $1\,cm^2$ がいくつ敷き詰められているかを考えていく中で，$1\,m^2 = 100\,cm^2$ ではなく，$100 \times 100 = 10000\,cm^2$ と正答へと修正された過程を子どもとともに振り返り，それをまとめとして板書するようにする。

本時案

長さの単位を
そろえよう！

本時の目標

・長さの単位がそろっていないと，基準となる面積が異なることから，面積を求めることができないことが理解でき，実際に単位をそろえて面積を求めることができる。

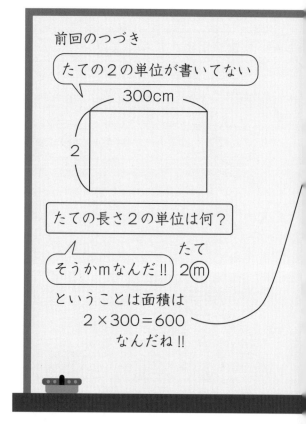

授業の流れ

1 縦2の単位を書いていないけど

300cm だから，2は2mでしょ

じゃあ，面積は2×300＝600cm²だね

だから，違う！

　縦と横の長さの単位がmとcmで異なるということは，面積を求める際には，基準とする面積が縦が1m²，横が1cm²で異なることから，そのまま乗法を行うことができない。この「基準」ということに着目することは，算数の学習で極めて重要であるので丁寧に学習を進めたい。

　本時は，まず縦の長さを2mと確認し，面積は2×300＝600cm²と誤答を示し，とぼけることから始める。

2 縦m，横cmで単位が違うときは，かけてはいけない

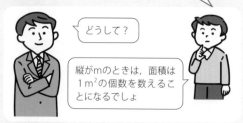

どうして？

縦がmのときは，面積は1m²の個数を数えることになるでしょ

　2×300としてはいけない理由を問い，まずは，単位が違うとかけられない気付きを引き出す。さらに，その理由を問うことで，縦と横で基準となる面積の単位が異なることの気付きを引き出し，明らかにしていく。

3 そうか，横はcmで面積は1cm²の個数を求めることになるからか

縦と横の長さの単位が違うと，1m²の個数を求めるのか，1cm²の個数を求めるのか分からない

　前場面と関連させ，まず，横はcmだから，面積だと1cm²の個数を求めることに気付かせる。この一連の考えから，単位が違うと，単位正方形の基準が異なるから，かけても面積が求められないことを理解させる。

9 小数、小数のたし算とひき算

10 式と計算

11 分数

12 変わり方

13 面積

14 小数のかけ算・わり算

15 立方体・直方体

本時の評価

・縦の長さが 2 m であることに気付き，長さの単位が異なると基準とする単位正方形が異なることから，面積が求められないことに気付くことができたか。

・長さが異なる図形について，長さの単位をそろえて，面積を求めることができたか。

→ちがう!!

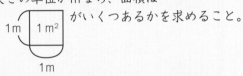

たてが m、横が cm で単位がちがうとかけられない

たて、横の長さの単位が同じじゃないといけない

長さの単位が m なら、面積は 1 m² がいくつあるかを求めること。

1m　1 m²
1m

長さの単位が cm なら面積は 1 cm² がいくつあるかを求めること。

1 cm　□
1 cm

そうか!!　横 300cm を 3 m にしたから 6 m² なんだ!!

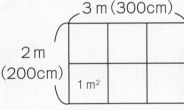

3 m（300cm）

2 m（200cm）　1 m²

$2 \times 3 = 6$（m²）

だったら、たてを 200cm とすれば $200 \times 300 = 60000 \text{cm}^2$

だから

たてと横の長さの単位がちがうと 1 m² のこ数を求めるのか、1 cm² のこ数を求めるのかわからない。

まとめ

たてと横の長さの単位をそろえる!!

4 縦・横の長さの単位が同じじゃないといけない

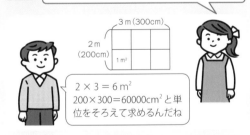

3 m（300cm）
2 m（200cm）　1 m²

$2 \times 3 = 6$ m²
$200 \times 300 = 60000 \text{cm}^2$ と単位をそろえて求めるんだね

面積を求めるには長さの単位をそろえる必要があることに気付いたら、最後に実際に求めさせて確認する。

まとめ 縦と横の長さの単位をそろえる!!

長さの単位がそろっていないと、1 m² を基準としてのその個数を求めるのか、1 cm² を基準としてのその個数を求めるのかが分からないことから、単位をそろえる必要があることを見いだした過程を子どもとともに振り返り、それをまとめとして板書する。

本時案

1 km² を基準にして面積を求めよう

本時の目標

・1 m² を単位として面積を求めると，空位が多く，面積の大きさを捉えづらくなることに気付き，大きな単位の必要性を見いだすことができる。
・1 km² を単位として面積を求めることができる。

授業の流れ

1 千代田区と23区全体のおよその面積を求めてみよう！

千代田区は縦がおよそ3000mで，横が4000m だから 3000×4000＝12000000m²

23区は縦がおよそ20000mで，横が30000m だから 20000×30000＝600000000m²

0が多すぎて分かりづらい

　1 km² の導入である。東京23区や千代田区のおよその面積を，まずは1 m² を単位にして求めさせる。そして，その答えに空位の0が多いことから，数の大きさを捉えづらいことに着目させ，それをきっかけとして大きな面積の単位の必要性を見いださせ，1 km² の指導をするという授業構成とする。

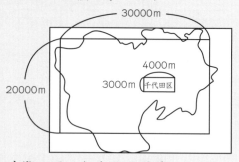

23区の面積を求めよう

30000m
20000m
4000m
3000m 千代田区

千代田区のおよその面積
3000×4000＝12000000m²
23区のおよその面積
20000×30000＝600000000m²

0が多すぎてわかりづらい

1 m² が6億こ分

2 0の個数を少なく面積を表す方法はないのかな？

1 m² より大きな単位の面積があれば0の個数を減らせる

100m×100mの正方形とか，1km×1kmの正方形の面積の単位があればいい

　直接的に「0の個数を少なくできないか」を問うことで，1 m² より大きな単位の必要性を見いださせる。長さの単位 km から類推し，1 km×1 km の正方形を単位とする考えは子どもから出ると想定される。

3 1辺が1 km の正方形の面積を1 km² と言います

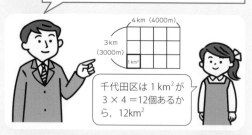

4km（4000m）
3km（3000m）
1km²

千代田区は1 km² が 3×4＝12個あるから，12km²

　1 km×1 km の正方形を単位とする考えが出たら，それを取り上げ，1 km² と指導する。そして，実際に千代田区の面積を求めさせる。その際に，上の図のように1 km² の単位正方形で区切り，面積を捉えさせるようにする。

本時の評価

・1 m² を単位として面積を求めると, 空位が多く, 面積の大きさを捉えづらくなることに気付くことができたか。
・大きな単位の必要性を見いだすことができ, 1 km² を単位として面積を表すことを理解できたか。
・1 km² を単位として面積を求めることができたか。

準備物
・白地図（東京23区）

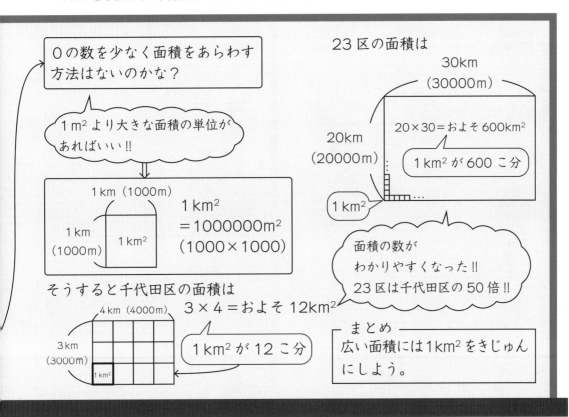

0 の数を少なく面積をあらわす方法はないのかな？

1 m² より大きな面積の単位があればいい!!

1 km (1000m)
1 km (1000m)
1 km²

$1 km² = 1000000 m² (1000×1000)$

23 区の面積は

30km (30000m)
20km (20000m)
$20×30 = およそ 600 km²$
1 km² が 600 こ分
1 km²

面積の数がわかりやすくなった!! 23 区は千代田区の 50 倍!!

そうすると千代田区の面積は

4 km (4000m)
3 km (3000m)
1 km²

$3×4 = およそ 12 km²$

1 km² が 12 こ分

まとめ
広い面積には1 km²をきじゅんにしよう。

---

4 km² にして 0 がなくなって面積がすっきりした

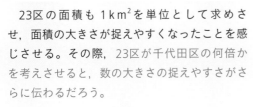

およそ千代田区の50倍の広さだね

23区は, 縦20km で横が30km だから, 1 km² が20×30=600個で600km²

23区の面積も 1 km² を単位として求めさせ, 面積の大きさが捉えやすくなったことを感じさせる。その際, 23区が千代田区の何倍かを考えさせると, 数の大きさの捉えやすさがさらに伝わるだろう。

まとめ 広い面積は, 1 km² を基準にしよう!

1 m² を単位とすると数値が大きくなり, 大きさが捉えづらくなることから, 大きな単位の必要性を見いだし, 1 km² を単位として面積を捉えることとするという, 一連の流れを子どもとともに振り返り, まとめとして板書するようにする。

本時案

縦$\frac{1}{10}$・横$\frac{1}{10}$して$\frac{1}{100}$する面積の単位は？

10/11

・縦・横の長さを$\frac{1}{10}$して面積を$\frac{1}{100}$すると単位が変わっていくことを見いだし，面積の単位間の関係を理解することができる。

授業の流れ

1 これを1km²とします。その$\frac{1}{100}$はどれだけかな？

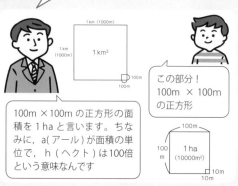

この部分！
100m×100mの正方形

100m×100mの正方形の面積を1haと言います。ちなみに，a(アール)が面積の単位で，h(ヘクト)は100倍という意味なんです

面積の基本単位同士の関係を捉えさせる学習である。具体的には，km²の正方形を提示し，「その$\frac{1}{100}$はどれだけか」を問うことで，「縦・横の長さを$\frac{1}{10}$した部分の単位正方形となる」ことを捉えさせることから授業を展開していく。

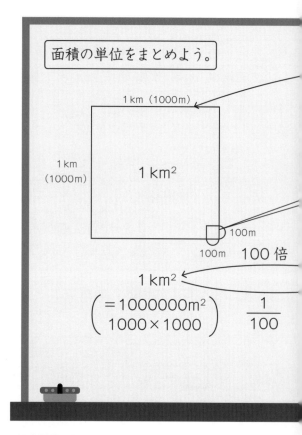

面積の単位をまとめよう。

1km（1000m）

1km²

100m

100m　100倍

1km²

$\left(\begin{array}{c}=1000000m^2 \\ 1000\times1000\end{array}\right)$　$\frac{1}{100}$

2 ということは，1aは1haのどれだけ？

1haの$\frac{1}{100}$だからこの部分！
10m×10mの正方形

また縦と横の長さを$\frac{1}{10}$した正方形なんですね

前の場面で1haのhの意味を100倍と指導した。それをもとに，1haの$\frac{1}{100}$が1aとなることを見いださせ，また縦・横の長さを$\frac{1}{10}$した正方形となることを理解させる。

3 また縦と横の長さを$\frac{1}{10}$して，1aを$\frac{1}{100}$にしたら1m²だ

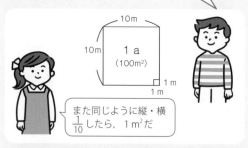

また同じように縦・横$\frac{1}{10}$したら，1m²だ

縦・横の長さを$\frac{1}{10}$して面積を$\frac{1}{100}$すると単位が変わることを見いだしてきた子どもたちは，1aについても「縦・横の長さを$\frac{1}{10}$しよう」とするだろう。その行動を捉え，1aの$\frac{1}{100}$が1m²となることを捉えさせる。

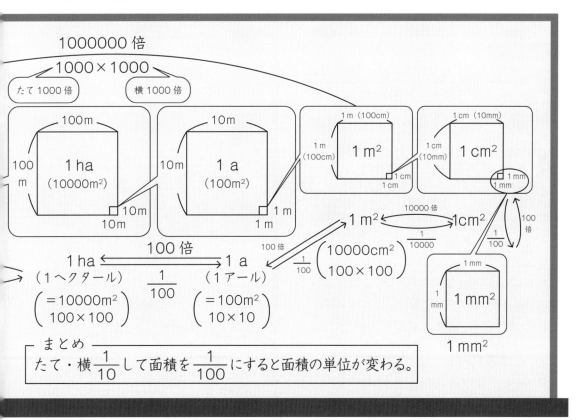

本時の評価

・1 km² の $\frac{1}{100}$ が 1 ha であることが分かったか。

・ある単位正方形の縦・横の長さを $\frac{1}{10}$ して面積を $\frac{1}{100}$ すると単位が変わっていくことを見いだすことができたか。

・単位間の関係を理解することができたか。

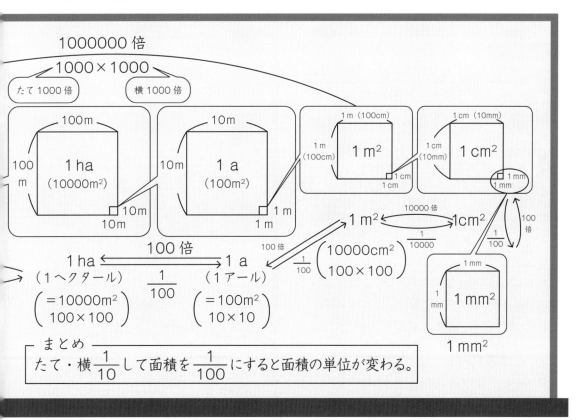

まとめ
たて・横 $\frac{1}{10}$ して面積を $\frac{1}{100}$ にすると面積の単位が変わる。

---

4 1 m² は縦と横の長さを $\frac{1}{100}$ して $\frac{1}{10000}$ にしたら 1 cm² だ

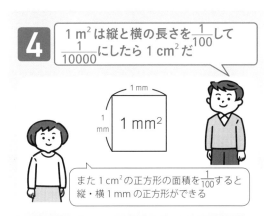

また 1 cm² の正方形の面積を $\frac{1}{100}$ すると縦・横 1 mm の正方形ができる

　続けて，縦・横の長さを $\frac{1}{10}$ して面積を $\frac{1}{100}$ すると単位が変わっていくことを捉えさせ，単位間の関係を理解させていく。

まとめ　縦 $\frac{1}{10}$，横 $\frac{1}{10}$ して $\frac{1}{100}$ にすると面積の単位が変わる

　縦・横の長さを $\frac{1}{10}$ して面積を $\frac{1}{100}$ すると単位が変わっていく一連の流れを子どもとともに振り返りながら，まとめとして板書していくようにする。

9 小数のひき算と，小数のたし算と

10 式と計算

11 分数

12 変わり方

13 面積

14 小数のかけ算・わり算

15 立方体・直方体

本時案

面積の求めやすい形に変えよう

本時の目標

・長方形や正方形にしたいという思いを理解し、「埋める・切る・移動する・合わせる」などして面積を工夫して求めることができる。

面積を求めましょう

3cm
3cm
6cm
6cm

〈ないものをあるとみた〉

ないものをひく

$6 \times 6 - 3 \times 3 = 27cm^2$

正方形大　正方形小

授業の流れ

1 こんな正方形や長方形ではない形の面積も求めることはできますか?

求められる。正方形がある

長方形もある

正方形や長方形が見えるんですか。それなら面積が求められそうですね。求めてみましょう

　複合図形の面積を求める学習である。この授業では、様々な見方をさせたい。子どもが工夫しやすくなるよう、1辺が3cmの正方形が3つ組み合わさったような図形を教材として用いた。

　まずは、図形を提示し、子どもに面積が求められるかを問う。そこから、正方形や長方形が見えるという気付きを引き出し、自力解決へと向かわせる。

2 どうやって面積を求めましたか?

ここがあったとすると…

ここで切ると…

　自力解決をした結果を発表させる。まずは、上記のような基本的な「埋める」「切る」という解法を取り上げ、その方法について説明させる。

3 なんでこうしようと思ったの?

L字で面積が求めづらいから

簡単に面積が求められる、正方形や長方形にしたかったから

　前の場面の解決方法について、「なぜ、このような方法をしようと思ったのか」を全員に問う。そうすることで、基本図形である長方形や正方形にしようと思ったという気持ちを引き出し、共有する。

9 小数、小数のたし算とひき算

10 式と計算

11 分数

12 変わり方

13 面積

14 小数のかけ算・わり算

15 立方体・直方体

本時の評価

・与えられた図形に直面したときに，正方形や長方形を見いだすことができたか。
・「埋める・切る・移動する・合わせる」などの方法で，図形を変形できることを見いだすことができたか。
・仲間の工夫した面積の求め方に興味をもち，また進んで面積を求めることができたか。

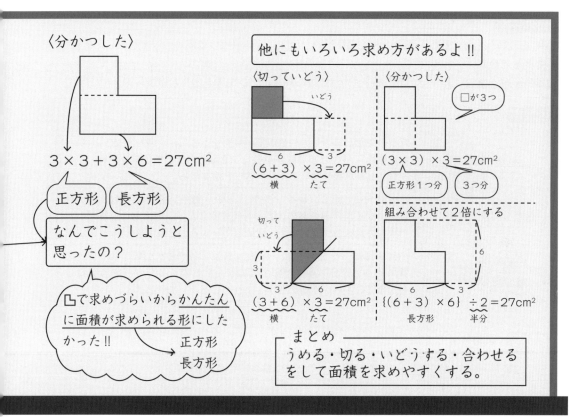

〈分かつした〉

$3 \times 3 + 3 \times 6 = 27cm^2$

正方形　長方形

なんでこうしようと思ったの？

凹で求めづらいからかんたんに面積が求められる形にしたかった!!　　正方形　長方形

他にもいろいろ求め方があるよ!!

〈切っていどう〉　　いどう

$(6 + 3) \times 3 = 27cm^2$
横　　たて

切っていどう

$(3 + 6) \times 3 = 27cm^2$
横　　たて

〈分かつした〉　　□が3つ

$(3 \times 3) \times 3 = 27cm^2$
正方形1分　3つ分

組み合わせて2倍にする

$\{(6 + 3) \times 6\} \div 2 = 27cm^2$
長方形　　半分

まとめ
うめる・切る・いどうする・合わせるをして面積を求めやすくする。

4 他にもいろいろな求め方があるよ

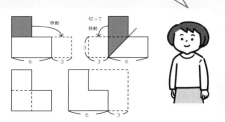

移動　　切って移動

「長方形や正方形にしようした」という思いの共有がなされると，「他にもある」という子どもの反応が出る。それを取り上げ，様々なアイデアを共有し，味わうようにする。

まとめ 埋める・切る・移動する・合わせるをして面積を求めやすくする

長方形や正方形にしたいという思いから，「埋める・切る・移動する・合わせる」といった方法があったことを子どもとともに振り返り，まとめとして板書するようにする。

14 小数のかけ算・わり算　（13時間扱い）

単元の目標

- 小数×整数，小数÷整数，整数÷整数で積や商が小数になる場合の計算の仕方を理解し，筆算を用いて計算できる。
- 数学的表現を適切に活用して計算の仕方や小数倍の意味について考えることができる。

評価規準

知識・技能	既習の乗除計算の仕方や整数倍の学習をもとに，小数×整数，小数÷整数，整数÷整数で積や商が小数になる場合の計算の仕方を理解し，答えを求めたり小数倍を求めたりすることができる。
思考・判断・表現	数の構成に着目し，小数×整数，小数÷整数，整数÷整数で積や商が小数になる場合の計算の仕方を考え説明したり，整数倍の学習をもとに小数倍の意味について考え，説明したりすることができる。
主体的に学習に取り組む態度	小数×整数，小数÷整数，整数÷整数で積や商が小数になる場合の計算の仕方を既習の乗除計算の仕方をもとにつくったり，学習したことを，今後の生活や学習に活用しようとしたりしている。

指導計画　全13時間

次	時	主な学習活動
第1次 小数のかけ算	1	小数に整数をかけることの意味や計算の仕方を考える。
	2	$\frac{1}{10}$の位までの小数に1位数をかける筆算の仕方を理解する。
	3	$\frac{1}{10}$，$\frac{1}{100}$，…の位の小数に1位数をかける筆算（被乗数が純小数の場合や，積の末位が0になる場合を含む）の仕方を理解する。
	4	$\frac{1}{10}$の位の小数に2位数をかける筆算の仕方を理解する。
第2次 小数のわり算	5	小数を整数で割ることの意味と計算の仕方を考える。
	6	$\frac{1}{10}$の位までの小数を1位数で割る筆算の仕方を理解する。
	7	$\frac{1}{10}$の位までの小数を1~2位数で割る筆算（商が純小数になる場合を含む）の仕方を理解する。
	8	$\frac{1}{100}$の位の小数を1~2位数で割る筆算（商が純小数になる場合や被除数が純小数の場合を含む）の仕方を理解する。
	9	小数を整数で割り，あまりを求める計算で，あまりの大きさについて理解する。
	10	整数÷整数，小数÷整数で割り進みをするときの筆算の仕方を理解し，商を概数で表す。
	11	整数÷整数で割り進みをするときの筆算の仕方を理解する。
第3次 小数の倍	12・13	小数倍の意味について考え，理解する。

9	小数、小数のたし算とひき算
10	式と計算
11	分数
12	変わり方
13	面積
14	小数のかけ算・わり算
15	立方体・直方体

単元の基礎・基本と見方・考え方

⑴乗数や除数が整数である場合の小数の乗法や除法について

　小数×整数や小数÷整数の計算の仕方をつくり出していく際には，数の構成に着目しながら小数を整数にして，既習の乗除計算の学習をもとに考えていくアイデアを大切にする。例えば，0.3×4の計算の仕方を考える際には，かけられる数の0.3を整数にすれば，整数×整数となり，既習の整数のかけ算で考えていくことができる。このような見方・考え方をもとに，具体的には「0.3は0.1の3個だから，0.1を1とみると，0.3×4は3×4と考えられる。そして，その積12は0.1が12個ということだから，0.3×4の答えは1.2になる」などと考えられるようにしていく。小数÷整数についても同様である。

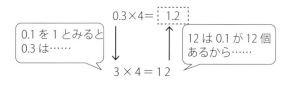

⑵小数を用いた倍について

　第2学年の「かけ算」の学習において，いくつ分という意味でかけ算を導入し，その後，連続量を用いて倍の意味を，「3cmの2つ分のことを，3cmの2倍と言います」のように学ぶ。そして，第3学年の「倍の計算」の学習においてはじめて，何倍かを求めるには，わり算を用いればよいことを知る。そこでは，比較する2量がテープで示され，倍を求めることを，基準量を1とみて，それを単位として比較量を測りとっていく操作と関係付けることができる場面設定となっている。第4学年においても，「倍の見方」について学ぶ。ここでは「5倍とは，3mを1とみたとき，15mが5にあたる」のように，基準量を1とみて比較量がいくつにあたるかという見方で倍の意味を捉えていく。

　そして，本単元では，上述した学習をもとに，さらに，ある量の何倍かを表すのに小数を用いてもよいことを学習する。具体的には，「基準量を1とみたとき，○にあたる」という見方の○にあたる部分が整数から小数に拡張した場合の「倍」の意味について理解できるようにしていく。

　例えば4mをもとにすると，8mは4mの2つ分なので2倍となり，12mは4mの3倍となる。では，10mは4mの何倍になるか。基準量である4mを1とみて，それを単位として比較量である10mを測りとっていくと，2つ分と3つ分の間の長さになり，きりよく測りとることができず，半端な長さができてしまう。

　そこで，1とみている基準量4mを10等分し，下位単位である0.1をつくり，それをもとに半端な長さを測りとる。すると，半端な部分は0.5にあたる長さであることが分かる。このような活動を通して，「10mは4mを1とすると2.5にあたる」という見方で倍の意味を捉え，これを2.5倍の意味として理解していく。

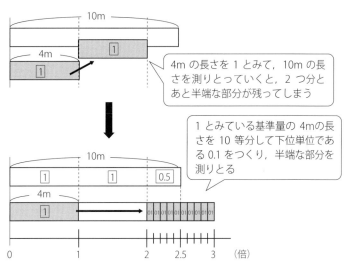

本時案

小数のかけ算の計算の仕方を考えよう

1 / 13

・小数に整数をかけることの意味や計算の仕方を考えることができる。

授業の流れ

1 この問題の式を考えるために，数直線の図をかこう

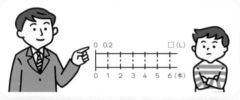

文章題に沿って，数直線の図を一緒に書くようにする。

「1本0.2L入りの牛乳があります」を数直線上に書いてみせて，「6本では，牛乳は何Lになりますか」を子どもに書かせる。

このようなやりとりを通して，数直線の図をかくことに慣れるようにしていく。

○月□日（△）

1本0.2L入りの牛にゅうがあります。この牛にゅう6本では，牛にゅうは全部で何Lになりますか。

0.2×6

0 0.2   □（L）

0   1   2   3   4   5   6（本）

式　0.2×6

---

2 どのような式になるかな。式に表してみよう

0.2×6

どうして，0.2×6という式になるのか説明できるかな

立式ができずに悩んでいる様子が見られたら，「0.2Lが，もしも2Lだったらどのような式になるかな？」と問いかけ，整数に置き換えて考える方法も知らせる。

3 0.2×6の計算の仕方を考えよう

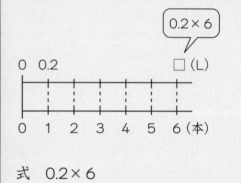

今までの計算と違うところはどこかな？

整数×整数ではなくて，小数×整数になっている

小数×整数の計算の仕方は，どのように考えればよいかな？

計算の仕方を考える前に，これまでのかけ算の計算と何が違うのかを問い，確認する。そして，小数×整数の計算の仕方を考えるという課題を明確にする。

本時の評価

・これまでに学習したかけ算の計算の仕方をもとに，小数×整数の計算を考えることができたか。
・小数の仕組みや整数の性質などをもとにして，計算の仕方を考え，説明することができたか。

計算のしかたを考えよう。 ← 小数 × 整数　　　　　　　　　さらに…

○ 0.2L を 2 dL にして
計算する。

0.2L = 2 dL

dL 単位で考えると，

2 × 6 = 12

12 dL = 1.2L

　　答え　1.2L

○ 0.1 をもとにして
考える。

0.2 は 0.1 をもとにすると 2 こ分だから

0.2 × 6 = 1.2

2 × 6 = 12

12 は 0.1 が 12 こ分ということだから

　　答え 1.2L

0.2×6 の計算のしかた
を 2×6＝12 をもとに
して、かけ算のせいしつ
を使って考えよう。

$$0.2 × 6 = 1.2 \xleftarrow{\frac{1}{10} (10 でわる)}$$

↓10倍　　↓10倍

2 × 6 = 12

> 整数 × 整数の計算で
> できるように考えると、
> 積を求めることができる

> 0.2×6 の積は、0.2 を 10 倍
> して 2×6 の計算をして、その
> 積を 10 でわれば求められる

---

4 0.2L を 2 dL にして，2×6＝12 というように計算します。そして…

 今の考えは分かったかな？
他の方法もありますか？

 0.1をもとにして考えて，0.2は0.1が 2 個
分だから 2 × 6 ＝12。そして…

どうしてこのように考えたのかな？

0.2を 2 とみて計算すれば整数×整数にできるから

 2 人の考えに共通するアイデアは何かな？

どの考えも既習である整数 × 整数の計算に
して積を求めていることを確認する。

まとめ

　小数のかけ算の導入では，演算決定と計
算の仕方を考えさせることが重要な内容に
なる。

　演算決定では，場面をイメージし，数直
線の図に表すことで立式するようにしてい
く。

　計算の仕方では，小数×整数を整数×整
数にして考えればよく，そのためにはどう
したらよいかを考えていく。筆算につなげ
ていくため，板書右上のように，かけ算の
性質を使った考えも取り上げるようにした
い。

本時案

小数のかけ算の筆算の仕方を考えよう①

2/13

本時の目標

・$\frac{1}{10}$の位までの小数に1位数をかける筆算の仕方を理解し，その計算ができる。

授業の流れ

1 この問題の式を考えるためにはどうすればいいかな

前の時間で学習したように，数直線の図に表してみるといいと思います

およそ何L入るかな？

2.8L はだいたい3Lだから3×7＝21で21L は入ると思う

前時と同様に，数直線の図は，文章題に沿って，一緒にかいていくようにする。

また立式後は，積の大きさの見当をつけさせるようにしたいが，どのように見当をつけたらよいか悩んでいる場合には，「2.8L はおよそ何Lかな？」と問い，そのきっかけをつくる。

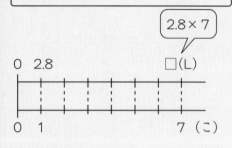

○月□日（△）

1こで 2.8L 入るバケツがあります。このバケツ7こでは，水は全部で何L入りますか。

2.8×7

0　2.8　　　　　　　　　□（L）

0　1　　　　　　　　　　7（こ）

式　2.8×7

およそ何L入るかな？
　2.8L をおよそ3L とみて…
　　$3 \times 7 ＝ 21$ だから，
　　　およそ21L。

2 2.8×7の計算の仕方を考えよう

2.8L を 28dL にして 28×7＝196というように計算します。そして…

2.8は，0.1をもとにすると，その28個分だから，28×7＝196。そして…

2人の考えに共通するアイデアは何かな？

2.8を整数にして28×7＝196と考えて，整数×整数にしているところ

前時と同様に，計算の仕方を考える際の共通のアイデアを確認する。

3 28×7は，28L 入るバケツが7個あったときの入る水の量だから2.8L のバケツの場合は，その答えを$\frac{1}{10}$にします。だから答えは19.6L です

前時でも出されたアイデアですね

かけ算の性質を用いた計算の仕方も扱い，筆算につなげていく。その際，かけられる数の2.8を10倍にして28として積を求めた場合，その積を$\frac{1}{10}$にしなければいけないことを確認する。

本時の評価

・これまでに学習したかけ算の筆算の仕方を用いて，$\frac{1}{10}$の位までの小数×1位数の筆算ができたか。

・乗法の性質に着目して$\frac{1}{10}$の位までの小数×1位数の筆算の仕方について考え，説明することができたか。

計算のしかたを説明しよう。

○ 2.8L＝28dL

dL 単位で考えると、

28×7＝196

196 dL＝19.6L

答え　19.6L

○かけ算のせいしつを使って…

2.8×7＝19.6

↓10倍　↓10倍　$\frac{1}{10}$（10でわる）

28 × 7 ＝196

筆算のしかたを考えよう。

2.8 ⟶ 28
× 7　10倍　× 7

19.6 ⟶ 196

　　10倍

$\frac{1}{10}$（10でわる）

2.8は
0.1を
もとに
すると
28こ分
だから

○0.1 をもとに…

2.8×7＝19.6

28 × 7＝196

19.6は、
0.1が
196こ分
ということ
だから

2.8×7の計算のしかた

①小数点を考えないで右にそろえて書く。

②整数のかけ算と同じように計算する。

③かけられる数にそろえて、積の小数点を打つ。

---

4 筆算の仕方を考えよう

みんなは，2.8×7の小数×整数の計算を，どのようにして考えてきましたか

28×7にして整数×整数にして考えた

同じように，28×7の筆算をもとに2.8×7の筆算をしましょう

小数のかけ算の筆算ついて，整数のかけ算と同じように計算することや，小数点をかけられる数にそろえて打つことをまとめていく。

まとめ

小数点を考えずに筆算をすればいいね

　本時では，前時の学習をもとに$\frac{1}{10}$の位までの小数に1位数をかける計算の仕方を説明できるようにしていく。あわせて，そこで出された考えと小数×整数の筆算の仕方を関係付けながら理解していけるようにすることが大切である。

本時案

小数のかけ算の筆算の仕方を考えよう②

授業の流れ

1 黒板に書いた5つの筆算をしてみましょう

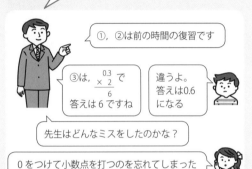

①，②は前の時間の復習です

③は，$\begin{array}{r} 0.3 \\ \times\ 2 \\ \hline 6 \end{array}$ で答えは6ですね

違うよ。答えは0.6になる

先生はどんなミスをしたのかな？

0をつけて小数点を打つのを忘れてしまった

　①，②は，前時の復習となる。また，③〜⑤は，誤答を教師からあえて示すことで，気をつける点を確認するようにしたい。

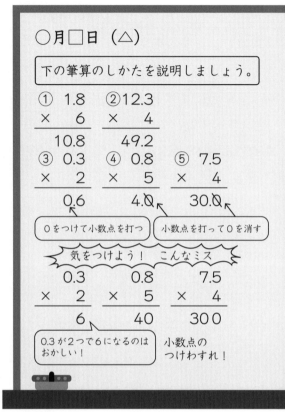

本時の目標

・$\frac{1}{10}$，$\frac{1}{100}$，…の位の小数に1位数をかける筆算（被乗数が純小数の場合や，積の末位が0になる場合を含む）の仕方を理解し，その計算ができる。

○月□日（△）

下の筆算のしかたを説明しましょう。

① $\begin{array}{r} 1.8 \\ \times\ 6 \\ \hline 10.8 \end{array}$ ② $\begin{array}{r} 12.3 \\ \times\ 4 \\ \hline 49.2 \end{array}$

③ $\begin{array}{r} 0.3 \\ \times\ 2 \\ \hline 0.6 \end{array}$ ④ $\begin{array}{r} 0.8 \\ \times\ 5 \\ \hline 4.0 \end{array}$ ⑤ $\begin{array}{r} 7.5 \\ \times\ 4 \\ \hline 30.0 \end{array}$

0をつけて小数点を打つ　　小数点を打って0を消す

気をつけよう！　こんなミス

$\begin{array}{r} 0.3 \\ \times\ 2 \\ \hline 6 \end{array}$　$\begin{array}{r} 0.8 \\ \times\ 5 \\ \hline 40 \end{array}$　$\begin{array}{r} 7.5 \\ \times\ 4 \\ \hline 300 \end{array}$

0.3が2つで6になるのはおかしい！　小数点のつけわすれ！

2 では，次はこのような計算をしてもらいます

$\begin{array}{r} 1.36 \\ \times\ 7 \\ \hline \end{array}$

今までと何が変わったかな？

今までは$\frac{1}{10}$の位の小数だったけど，$\frac{1}{100}$の位の小数になった！

ちょっと難しくなったけどできるかな？

同じように，1.36×7を136×7と考えればいい

　$\frac{1}{100}$の位の小数になっても筆算の仕方は変わらないという見通しをもつ。

3 1.36×7の筆算の仕方を説明しましょう

1.36×7を136×7と考えて計算して積に小数点をつける

　子どもの説明とともに，下のように筆算をかき，1.36を100倍して136としていることから，積を$\frac{1}{100}$しなければいけないことを確認する。

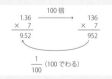

9 小数、小数のたし算とひき算と

10 式と計算

11 分数

12 変わり方

13 面積

14 小数のかけ算・わり算

15 立方体・直方体

・$\frac{1}{10}$, $\frac{1}{100}$, …の位の小数に 1 位数をかける筆算の仕方を理解したか。
・学習したかけ算の筆算（$\frac{1}{10}$の位の小数×1位数）をもとに，$\frac{1}{100}$の位の小数に 1 位数をかける筆算の仕方について考え，説明することができたか。

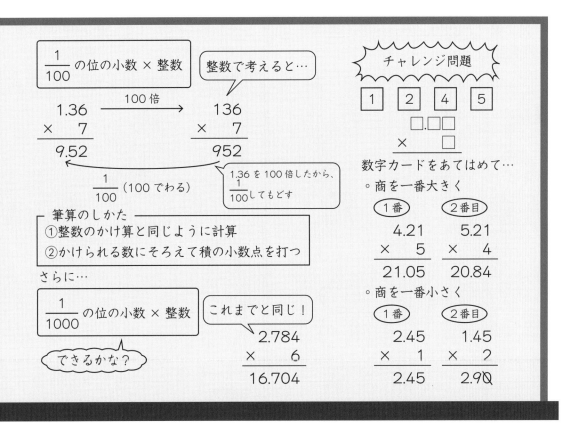

4 $\frac{1}{100}$の位の小数のかけ算もできましたね。では次は？

$\frac{1}{100}$ときたら$\frac{1}{1000}$？

そうですね。$\frac{1}{1000}$の位の小数のかけ算もできるかな？

できる！

$\frac{1}{10}$の位の小数のかけ算，$\frac{1}{100}$の位の小数のかけ算をしたら，次は$\frac{1}{1000}$の位の小数のかけ算も…と考えるとともに，$\frac{1}{1000}$の位になっても，計算の仕方は変わらないということを，授業を通して理解できるようにしていく。

まとめ

　本時では，$\frac{1}{10}$の位の小数に 1 位数をかける筆算の仕方について，計算を通して理解を深めるとともに，それをもとに，$\frac{1}{100}$の位，$\frac{1}{1000}$の位の小数に 1 位数をかける筆算の仕方を考え，その計算ができるようになることが大切である。

　$\frac{1}{1000}$の位の小数を，子どもの実態に合わせて扱うことで，かけられる数がどんな小数になっても筆算で計算できるという思いをもってくれればと考える。

本時案

小数のかけ算の筆算の仕方を考えよう③

授業の流れ

・$\frac{1}{10}$の位の小数に 2 位数をかける筆算の仕方を理解し，その計算ができる。

1 □.□ に ①，②，④，⑤の数字カードを入れて筆算をします
　×□□

昨日までの計算と違うところは…

小数に 2 桁の数をかけている

そうですね。例えば，数字カードをこのように入れて筆算をつくります。できそうですか？
①.④
×⑤②

できる。これまでと同じように，整数×整数の計算にして考えればいい

　問題の条件や，これまでの小数 × 整数の計算の違いを確認し，計算の見通しをもてるようにする。

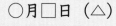

○月□日（△）

①②④⑤ の4まいの数字カードがあります。□にカードをあてはめて筆算をします。

かける数が2けた
□.□
×□□

例えば…

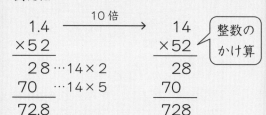

1.4	10倍	14	整数のかけ算
×52		×52	
28 …14×2		28	
70 …14×5		70	
72.8		728	

$\frac{1}{10}$（10でわる）

小数点の打ち方

・かけられる数にそろえて積の小数点を打つ。

2 1.4×52の筆算の仕方を説明しましょう

28や70はどんな計算で求めましたか

1.4
×52
28
70
72.8

積の小数点の位置はどのように決めたらよいですか

14×2，14×5の計算で求めた

　上記のやりとりを通して，これまでの整数×整数と同じように筆算を行い，最後に小数点を打てばよいことを確認する。

3 こんなふうに，①，②，④，⑤のカードをあてはめて筆算をつくります

商が一番大きくなるように筆算をつくりましょう

商を大きくするには…

　自分で数字カードをいろいろと入れて筆算をし，考えていく時間を十分にとる。そして，答えを確認する際には，どのように考えればよいか，考え方も発表させる。それを生かし，商が一番小さくなる筆算についても同様に考えていけるようにしたい。

9 小数、小数のたし算とひき算

10 式と計算

11 分数

12 変わり方

13 面積

14 小数のかけ算・わり算

15 立方体・直方体

本時の評価

- $\frac{1}{10}$ の位の小数に2位数をかける筆算の仕方を理解したか。
- 前時までに学習した筆算の仕方の考えをもとに、本時の筆算の仕方を考え、説明することができたか。

準備物

- 数字カード

◦ 商を一番大きく

$$
\begin{array}{r}
4.2 \\
\times 51 \\
\hline
42 \\
210 \\
\hline
214.2
\end{array}
\qquad
\begin{array}{r}
5.1 \\
\times 42 \\
\hline
102 \\
204 \\
\hline
214.2
\end{array}
$$

なるべく、大きい位に大きな数を入れる

◦ 商を一番小さく

$$
\begin{array}{r}
1.4 \\
\times 25 \\
\hline
70 \\
28 \\
\hline
35.0
\end{array}
\qquad
\begin{array}{r}
2.5 \\
\times 1.4 \\
\hline
100 \\
25 \\
\hline
35.0
\end{array}
$$

なるべく、大きい位に小さな数を入れる

◦ 100に一番近く

$$
\begin{array}{r}
4.1 \\
\times 25 \\
\hline
205 \\
82 \\
\hline
102.5
\end{array}
\qquad
\begin{array}{r}
2.5 \\
\times 41 \\
\hline
25 \\
100 \\
\hline
102.5
\end{array}
$$

25×4＝100だから…

(2番目) おしい！

$$
\begin{array}{r}
4.1 \\
\times 52 \\
\hline
82 \\
205 \\
\hline
213.2
\end{array}
\qquad
\begin{array}{r}
5.2 \\
\times 41 \\
\hline
52 \\
208 \\
\hline
213.2
\end{array}
$$

(2番目) おしい！

$$
\begin{array}{r}
1.5 \\
\times 24 \\
\hline
60 \\
30 \\
\hline
36.0
\end{array}
\qquad
\begin{array}{r}
2.4 \\
\times 15 \\
\hline
120 \\
24 \\
\hline
36.0
\end{array}
$$

(2番目)

$$
\begin{array}{r}
2.1 \\
\times 45 \\
\hline
105 \\
84 \\
\hline
94.5
\end{array}
\qquad
\begin{array}{r}
4.5 \\
\times 21 \\
\hline
45 \\
90 \\
\hline
94.5
\end{array}
$$

4 では次は…チャレンジ問題です。商が100に一番近くなるように筆算をつくりましょう

100ぴったりはできなさそう

100にできるだけ近くするには…

　チャレンジ問題として設定している。考える手がかりとして、25×4が100になることや、50×2が100になることがある。やみくもに考えるのではなく、ある程度見通しをもって試行錯誤していくことが大切である。

まとめ

　本時は、小数に2位数をかける筆算を扱う。筆算の仕方について、これまでの整数×整数と変わらないことや小数点はかけられる数にそろえて打つことを、その理由とともに理解していくことが重要である。

　また、条件に合った筆算をつくることが本時後半の課題であるが、試行錯誤を通して、自然と筆算を何回も行い、小数の筆算に慣れていってくれればと考える。

本時案

小数のわり算の計算の仕方を考えよう

5/13

本時の目標

・小数を整数で割ることの意味や計算の仕方を考えることができる。

授業の流れ

1 この問題の式を考えるために，数直線の図をかこう

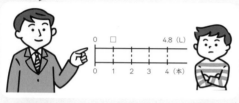

文章題に沿って，数直線の図を一緒にかくようにする。

「4.8L の牛にゅうを，4 本のよう器に等分します」を数直線上に書いてみせて，「1 本分は何 L になりますか」を子どもにかかせる。

このようなやりとりを通して，数直線の図をかくことに慣れるようにしていく。

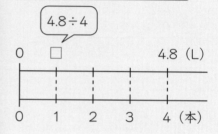

○月□日（△）

4.8L の牛にゅうを、4 本のよう器に等分します。1 本分は何 L になりますか。

4.8÷4

0   □   4.8 （L）

0   1   2   3   4（本）

式　4.8÷4　どうして？

・4 本分で 4.8L だから、1 本分を求めるには、4.8÷4 をすればいい。

2 どのような式になるかな。式に表してみよう

4.8÷4

どうして 4.8÷4 という式になるのか，説明できるかな

立式ができずに悩んでいる様子が見られたら，「4.8L がもしも 8L だったらどのような式になるかな？」と問いかけ，整数に置き換えて考えてみる方法も知らせる。

3 4.8÷4 の計算の仕方を考えよう

今まで学習したわり算の計算と違うところはどこかな？

整数÷整数ではなくて，小数÷整数になっている

小数÷整数の計算の仕方は，どのように考えればよいかな？

小数のかけ算のときと同様に，これまでのわり算の計算との違いを問う。そして，小数÷整数の計算の仕方を考えるという課題を明確にする。

小数のわり算の計算の仕方を考えよう

122

9	ひき算 小数のたし算と
10	式と計算
11	分数
12	変わり方
13	面積
14	小数のかけ算・わり算
15	立方体・直方体

本時の評価

・これまでに学習したわり算の計算の仕方をもとに，小数÷整数の計算を考えることができたか。

・4.8Lを4Lと8dLに分けたり，0.1をもとにしたりして，説明することができたか。

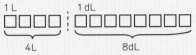 計算のしかたを考えよう 　小数 ÷ 整数

⇒整数 ÷ 整数ならできる！

・4.8Lを4Lと8dLに分けて考える。

1L □□□□ ｜ 1dL □□□□□□□□
4L　　　　　　　8dL

$4 \div 4 = 1$ 　　1L

$8 \div 4 = 2$ 　　2dL

あわせて 1L 2dL = 1.2L

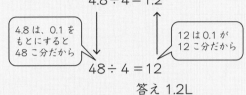

・4.8L は、0.1L が 48 こ分

0.1 をもとにして考えると…

$4.8 \div 4 = 1.2$

4.8 は、0.1 をもとにすると 48 こ分だから

$48 \div 4 = 12$

12 は 0.1 が 12 こ分だから

答え 1.2L

・わられる数を10倍にして…

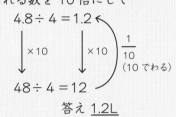

$4.8 \div 4 = 1.2$

$\times 10$ 　 $\times 10$ 　 $\frac{1}{10}$（10でわる）

$48 \div 4 = 12$

答え 1.2L

整数 ÷ 整数の計算でできるように考えると、商を求めることができる！

---

4 4.8Lを4L8dLと考えて，4Lと8dLに分けて計算します。そして…

4.8L は、0.1が48個分だから、0.1をもとにして、48÷4＝12 と考えて…

わられる数の4.8を10倍にして…

どうして，このように考えたのかな？

それぞれの考えに共通するアイデアは何かな？

考えた理由やそれぞれに共通しているアイデアを問い，どれも整数÷整数にして計算していることを確認する。

まとめ

　小数のわり算の導入でも，演算決定と計算の仕方を考えさせることが重要な内容となる。

　演算決定では，場面をイメージし，数直線の図に表すことで立式するようにしていく。

　計算の仕方では，小数÷整数を既習である整数÷整数にして考えればよいが，そのためにはどうしたらよいかを，学習したことをもとに考えていくことが大切である。

本時案

小数のわり算の
筆算の仕方を
考えよう①

6/13

授業の流れ

1 この問題の式を考えるためには
どうすればいいかな

数直線図に表せばいい

上記のように途中まで図をかき，残りは個々
に考えさせるようにしたい。どのようにかいて
よいか悩む子には「前時のノートを見返してご
らん」と声をかけ，なるべく自分の力でかける
ようにしていく。

数直線の図を確認した後，それをもとに立式
をする。

本時の目標

・$\frac{1}{10}$ の位までの小数を 1 位数で割る筆算の仕
方を理解し，その計算ができる。

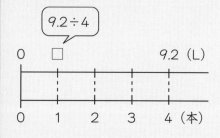

○月□日（△）

牛にゅうが 9.2L あります。
この牛にゅうを 4 本のよう器に
等分すると，1 本分は何 L に
なりますか。

$9.2 \div 4$

式　$9.2 \div 4$

2 9.2 ÷ 4 の計算の仕方を考えよ
う

9 ÷ 4 だと
割り切れない

前時の学習をもとに考えた子の中には9.2L
を 9 L と 2 dL に分け，それぞれを 4 で割ろう
として，割り切れずに悩む子もいる。

既習を生かして考える姿勢を価値付けつつ，
「9 L を 4 つに分けたときには何 L あまるか
な？　そのあまりを 2 dL と合わせて 4 つに分
けられないかな？」と問いかけ，解決のきっか
けをつかめるようにしたい。

3 9.2L を 9 L と0.2L に分けて，9 ÷ 4 ＝ 2
あまり 1 。あまった 1 L と0.2L をあわせて…

9.2は，0.1をもとにす
ると，その92個分だ
から，92÷ 4 ＝23。
23は，0.1が…

わられる数を10倍にして…

前時で出された考えをもとに，計算の仕方を
考えていく姿勢を価値付ける。また，9.2L を
9 L と0.2L に分けて考えていく方法は，図を
用いて，その方法を説明させ，皆が理解できる
ようにしていく。

9 小数、小数のたし算とひき算

10 式と計算

11 分数

12 変わり方

13 面積

14 小数のかけ算・わり算

15 立方体・直方体

本時の評価

・既習の除法の筆算の仕方を用いて，$\frac{1}{10}$ の位までの小数 ÷ 1 位数の筆算ができたか。

・$\frac{1}{10}$ の位までの小数 ÷ 1 位数の筆算の仕方について考え，説明することができたか。

計算のしかたを考えよう。

○ 9.2L を 9L と 0.2L に分けて考える。

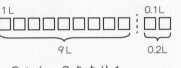

9L　0.2L

$9 \div 4 = 2$ あまり 1

1 人分は 2L で 1L あまる

$1 + 0.2 = 1.2$　1.2L

あまりの 1L　0.2L

1.2L は 0.1L が 12 こ分だから、

$12 \div 4 = 3$　1 人分は 0.3L

2L と 0.3L で 2.3L

○ 9.2L は、0.1L が 92 こ分 0.1 をもとにして考えると…

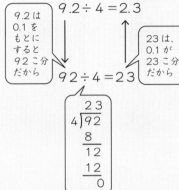

$9.2 \div 4 = 2.3$

9.2 は 0.1 をもとにすると 92 こ分だから

$92 \div 4 = 23$

23 は、0.1 が 23 こ分だから

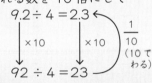

○ わられる数を 10 倍にして…

$9.2 \div 4 = 2.3$

×10　×10　$\frac{1}{10}$（10 でわる）

$92 \div 4 = 23$

筆算にチャレンジ

```
   2.3
4)9.2
   8
   1 2
   1 2
     0
```

①9 を 4 でわる。

②わられる数の小数点にそろえて、商の小数点を打つ。

③あとは整数のわり算と同じ。

○小数点を打つところ以外は、整数のわり算と同じ！

けん算　$2.3 \times 4 = 9.2$

4 筆算の仕方を考えよう

 9.2÷ 4 の筆算の仕方は，92÷ 4 の筆算とやり方は同じだと思う

　9.2÷ 4 の筆算の仕方を9.2L を 9 L と 0.2L に分けて計算する方法と対応させて理解していくことを促す。

　また，92÷ 4 の筆算と見比べ，その仕方は同じであり，違いは小数点の有無だけであることを確認していく。

まとめ

　本時は，小数のわり算の筆算を考えることがねらいである。その際，整数のわり算の筆算と同じように計算することや，わられる数の小数点にそろえて，商の小数点を打つことをまとめていく。

本時案

小数のわり算の筆算の仕方を考えよう②

⑦/13

授業の流れ

1 6)□.4の□に数字を入れて筆算をします

もしも□が8だったら……
6)8.4の筆算はできるかな？

では，もしも□が2だったら…。商は1よりも大きくなるかな？ 小さくなるかな？

```
    1.4
6)8.4
    6
    2 4
    2 4
      0
```
商は1.4です

わる数の6より2.4は小さいから商は1より小さくなる

　商が純小数になる筆算の仕方に取り組む前に商が1より小さくなることを，わられる数とわる数の関係から確認し，筆算の仕方や書き方につなげていく。

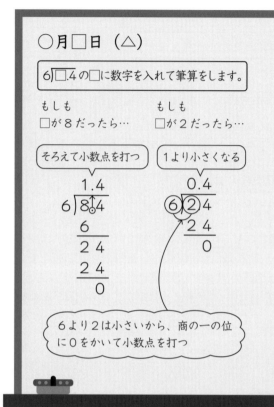

○月□日（△）

6)□.4の□に数字を入れて筆算をします。

もしも□が8だったら…　　　もしも□が2だったら…

そろえて小数点を打つ　　　1より小さくなる

```
    1.4              0.4
6)8.4            6)2.4
    6                2 4
    2 4                0
    2 4
      0
```

6より2は小さいから、商の一の位に0をかいて小数点を打つ

2 2.4÷6の筆算をしましょう

商の一の位には何が立つかな？

6より2は小さいから，一の位には0が立つ

　上記のようなやりとりを通して，次のことを丁寧に確認をしていく。
・商の一の位に0をかいて小数点を打つ。
・2.4を24とみて計算を進める。

3 □に数字を入れて筆算をつくろう

わる数は4だね

右の筆算の商の一の位には0が入るよ。だって…

　小数の筆算形式に慣れるために，計算練習に取り組むことに加え，"チャレンジ"のような虫食い算に取り組むことも考えられる。条件に合う筆算を考えることを通して，小数のわり算の筆算に親しむとともに論理的に考える力もつけられればと考える。

9 小数、小数のたし算とひき算

10 式と計算

11 分数

12 変わり方

13 面積

14 小数のかけ算・わり算

15 立方体・直方体

本時の評価

・既習の $\frac{1}{10}$ の位までの小数÷1位数の筆算の仕方をもとに，商が純小数になる場合の筆算の仕方を理解し，計算することができたか。

・$\frac{1}{10}$ の位までの小数を1位数や2位数で割る筆算の仕方について考え，説明することができたか。

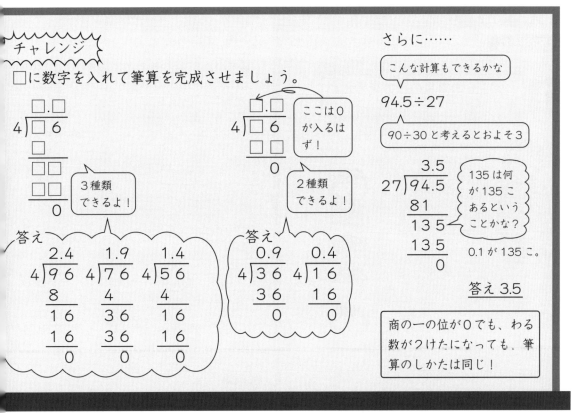

さらに……

こんな計算もできるかな

$94.5 \div 27$

$90 \div 30$ と考えるとおよそ3

答え 3.5

商の一の位が0でも，わる数が2けたになっても，筆算のしかたは同じ！

---

4 94.5÷27の筆算の仕方を考えよう

わる数が大きくなっても同じように計算できるかな？

できそう

商の大きさはおよそいくつになるかな？

90÷30と考えておよそ3

小数を含んだ計算は桁数が多くなるほど，小数点の位置のつけ間違いが起こりやすくなる。したがって商の見当をつけてから計算をする姿勢を育んでいきたい。

まとめ

本時では，商が純小数になる場合や，わる数が2桁になった場合の小数のわり算を扱う。筆算の仕方は，前時までと変わらないことを確認し，確実にできるようにしていくことが大切である。

そのためにも筆算の仕方を，隣同士で説明し合う時間や取り組んだものを子ども同士で確認し合う時間を取るなどの工夫が必要である。

本時案

小数のわり算の筆算の仕方を考えよう③

本時の目標
・$\frac{1}{100}$ の位の小数を 1 位数や 2 位数で割る筆算（商が純小数になる場合や被除数が純小数の場合を含む）の仕方を理解し，その計算ができる。

授業の流れ

1 8.94÷3 の筆算の仕方を考えよう

昨日までとの違いは何だろう？

わられる数が $\frac{1}{100}$ の位である

筆算できそうですか

できる。昨日までと同じようにやればいい

では，筆算をしてもらいますが，その前に，商の見当をつけましょう。およそいくつですか

およそ2

見当をつけた後，それぞれ，8.94÷3 の筆算に取り組み，筆算の仕方を確認する。

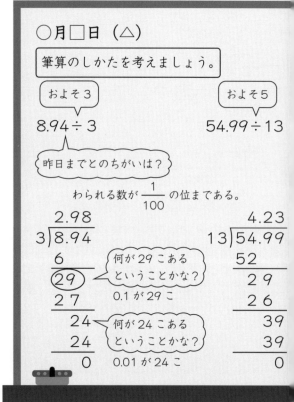

○月□日（△）

筆算のしかたを考えましょう。

およそ3 8.94÷3

およそ5 54.99÷13

昨日までとのちがいは？

わられる数が $\frac{1}{100}$ の位である。

```
    2.98
3)8.94
  6
  (29)      何が29こある
  27        ということかな？
            0.1 が29こ
  24        何が24こある
  24        ということかな？
   0        0.01 が24こ
```

```
     4.23
13)54.99
   52
    29
    26
    39
    39
     0
```

2 8.94÷3 の筆算で29は何が29個あるということかな？

0.1が29個あるということ

どうやって考えましたか

29の9は，もともと $\frac{1}{10}$ の位の数で0.1が9つ分という意味だから

24についても問い，筆算の途中に出てくる数の意味を問い，数の見方を豊かにする。このような見方をすることで，8.94÷3 を，0.01を単位としてみれば894÷3 という計算をしていると捉えられるようにする。54.99÷13 も同様に確認していく。

3 0.28÷3 の筆算の仕方を説明しましょう

商は1より小さくなる…

8.94÷3 の計算との違いを確認し，商の大きさの見当をつけた後，実際に筆算をして，その方法を確認する。その後よく見られる誤答として，右のようなものを取り上げる。位を縦にそろえて書くこと，大きい位から順に考えていくことを徹底していく。

```
    0.7
4)0.28
  0.28
     0
```

本時の評価

・既習の $\frac{1}{10}$ の位までの小数 ÷ 1 位数の計算の仕方を用いて，$\frac{1}{100}$ の位の小数を 1 位数や 2 位数で割る筆算ができたか。

・既習の除法の筆算を生かして，筆算の仕方を説明することができたか。

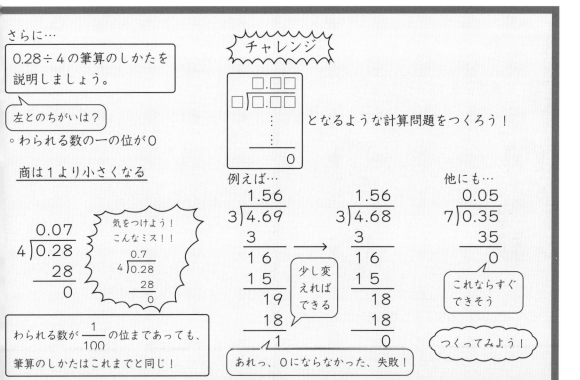

さらに…

0.28 ÷ 4 の筆算のしかたを説明しましょう。

左とのちがいは？
・わられる数の一の位が 0

商は 1 より小さくなる

気をつけよう！こんなミス！！

わられる数が $\frac{1}{100}$ の位まであっても，筆算のしかたはこれまでと同じ！

チャレンジ

となるような計算問題をつくろう！

例えば…

少し変えればできる

あれっ、0 にならなかった、失敗！

他にも…

これならすぐできそう

つくってみよう！

4 自分で計算問題をつくってみよう！

例えば 4.69 ÷ 3 でやってみると…
あれっ？ 最後 0 にならなかった

4.69 の 9 を 8 にすればできるよ

　本時に学習した $\frac{1}{100}$ の位の小数を 1 位数で割る筆算の習熟のために行う。上記のように一緒に問題をつくった後，個々に問題づくりに取り組む。時間があれば，つくった問題を解き合うこともしたい。

まとめ

　本時ではわられる数を $\frac{1}{10}$ の位までの小数から，$\frac{1}{100}$ の位までの小数まで広げて，その筆算に取り組む。前時同様，筆算の仕方を子ども自身が説明していく活動を大切にする。また，よく見られる誤答も示しながら，その理解を確実なものへとしていくことを大切にしたい。

本時案

あまりの大きさについて考えよう

本時の目標

・小数÷整数であまりを求める計算であまりの大きさについて理解し，その計算ができる。

授業の流れ

1 問題場面をイメージして式を立てよう

26.5÷8

8cmのテープは何本取れるかな？

8×3＝24で3本は取れるけど，4本だと8×4＝32で26.5cmを超えるから，3本

上記のようなやりとりを通して問題場面をイメージするとともに，8cmずつ取っていくと，3本は取れてあまりが出ることを確認する。

○月□日（△）

26.5cmの紙テープがあります。
この紙テープから、8cmの紙テープは何本取れますか。
また何cmあまりますか。

式　26.5÷8

何本取れるかな？

8×3＝24
8×4＝32

3本は取れるけど4本だと32cmになるから、4本は取れない。
→3本は取れる

---

2 あまりの大きさについて考えよう。あまりは何cmかな？

8×3＝24　24cm，26.5cmから24cmを引いて，26.5－24＝2.5だから2.5cm

実際に26.5cmの紙テープを切って確かめてみましょう

実際に26.5cmの紙テープを切ることで，式の意味を場面と結びつけて理解できるようにする。また，検算にもつなげていく。

3 26.5÷8の計算を筆算でしよう

3本取れて，2.5cmあまる

商を一の位まで求めた後，あまりについて考える。実際の場面から，2.5cmと判断するとともに，25は0.1が25個分だから2.5になるという見方で，あまりの大きさについて適切に捉えられるようにする。

9 小数、小数のたし算と ひき算

10 式と計算

11 分数

12 変わり方

13 面積

14 小数のかけ算・わり算

15 立方体・直方体

本時の評価

・被除数が小数の場合のあまりのある除法の筆算ができたか。

・あまりを，単位とする小数の何個分と考え，説明することができたか。

準備物

・26.5cm の紙テープ（数本）

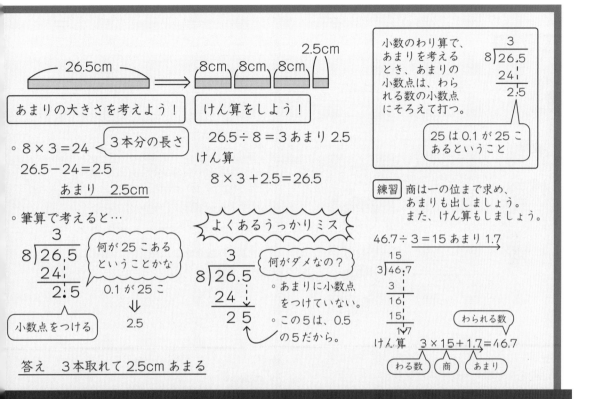

26.5cm ⇒ 8cm 8cm 8cm 2.5cm

あまりの大きさを考えよう！

・8×3＝24 （3本分の長さ）

26.5－24＝2.5

あまり 2.5cm

・筆算で考えると…

```
    3
8)26.5
  24
   2.5
```

何が25こあるということかな

0.1 が 25 こ ⇩ 2.5

小数点をつける

答え 3本取れて 2.5cm あまる

けん算をしよう！

26.5÷8＝3 あまり 2.5

けん算

8×3＋2.5＝26.5

よくあるうっかりミス

```
    3
8)26.5
  24
   2 5
```

何がダメなの？

・あまりに小数点をつけていない。

・この5は、0.5の5だから。

小数のわり算で、あまりを考えるとき、あまりの小数点は、わられる数の小数点にそろえて打つ。

```
    3
8)26.5
  24
   2.5
```

25 は 0.1 が 25 こあるということ

練習 商は一の位まで求め、あまりも出しましょう。また、けん算もしましょう。

46.7÷3＝15 あまり 1.7

```
   15
3)46.7
  3
  16
  15
   1 7
```

けん算 3×15＋1.7＝46.7

わられる数

わる数 商 あまり

---

4 26.5÷8＝3 あまり2.5の検算をしよう

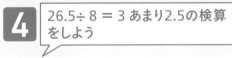
8×3＋2.5＝26.5

どうしてこのような式になりますか

8cm が 3本と2.5cm を合わせるともとの26.5cmになるはずだから

まとめ

　小数のわり算であまりを考えるときには，あまりの小数点を，わられる数の小数点にそろえて打つことになるが，形式的にならないように，場面と関係付けてあまりの大きさを捉えることや，単位とする小数をもとに考えていくことを大切にしたい。

　また，検算についても，実際の場面と関係付けながらその方法を確認し，まとめていくようにしたい。

本時案

割り進み，商を概数で表そう

本時の目標

・整数÷整数で割り進みをするときの筆算の仕方を理解し，その計算ができる。
・商を概数で表すことができる。

授業の流れ

1 14÷4の式となる文章の問題をつくります

「お水が14Lあります」
この後，どのような文章を続ければ，14÷4の文章問題になりますか？

1人4Lずつ分けていくと，何人に分けられますか

4人で等分すると，1人分は何Lになりますか

　例えば、上記のようにあまりを出す必要がある場面と，割り進むことができる場面を取り上げ，あまりを出す場面では前時を振り返りながら問題解決をしていく。

14÷4の式となる文章の問題

お水が14Lあります

○お水が14Lあります。1人に4Lずつ分けていくと何人に分けられますか。
あまりが出るよ

式　14÷4＝3あまり2

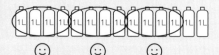

☺　　☺　　☺

けん算　4×3＋2＝14

答え　3人に分けられて2Lあまる。

---

2 4人で等分すると，1人分は何Lになりますか？

14÷4＝3あまり2

あまりの2Lはまだ4人で分けられるよ

0.5Lずつ分ければ4人に分けられる

　あまりは出ないことを確認した後，図と関係付けながら"2L"がどのように分けられ，1人分が何Lになるのかを考える。

---

3 14÷4の計算を筆算で割り切れるまでしましょう

このあと，どうすればよいですか

$$\begin{array}{r} 3 \\ 4\overline{)14} \\ \underline{12} \\ 2 \end{array}$$

2を20と考えて…

　割り進みをするときの筆算の仕方を確認していく。14を14.0と考え，0をおろして2を20とし，20÷4と考えて筆算を続けていく。

9 小数、小数のたし算とひき算と

10 式と計算

11 分数

12 変わり方

13 面積

14 小数のかけ算・わり算

15 立方体・直方体

本時の評価

・整数÷整数を割り切れるまで計算することができたか。
・割り切れない除法について，四捨五入を用いて概数で商を求めることができたか。

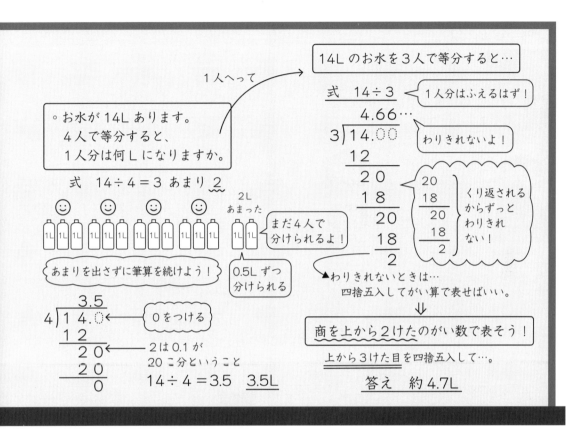

4 もしも1人減って14Lのお水を3人で等分すると…

式は14÷3

筆算をしたけど4.66…になって割り切れないよ

計算し続けても割り切れませんか？

割り切れないよ。だって…

実際に筆算をさせて割り切れない理由を説明させる。その後，割り切れないときの商の表し方を考えていく。

まとめ

　前時で学習したあまりのあるわり算を確認するとともに，整数÷整数で割り進んでいくときの場面をイメージし，それを筆算につなげていくようにしたい。

　また、概数で商を表す際には，"上から2桁の概数"で表すために，"上から3桁目を四捨五入する"といった手続きを難しく感じる子もいる。したがって，四捨五入のきまりなどを振り返りながら丁寧に確認を行うようにしたい。

本時案

割り進みをする ときの筆算の仕方 を考えよう

授業の流れ

1 1÷7の計算を筆算をかいてし
ましょう

あれ？　割り切れないよ

ずっと続きそう

割り切れないのかな？　筆算の仕方は合っているか
な。隣同士で確認してみましょう

前時の学習をもとに本時の筆算
に取り組むが，当然ながらまだ不
安な子もいる。右のように途中ま
で全体で確認しながら行い，それ
から個々に取り組ませる方法も考
えられる。

$$7\overline{)1.0}0.14$$

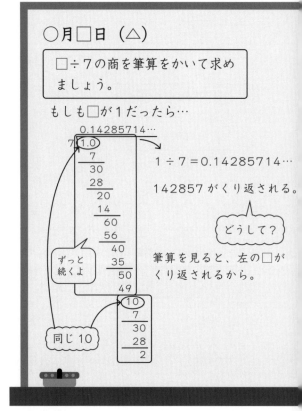

○月□日（△）

□÷7の商を筆算をかいて求め
ましょう。

もしも□が1だったら…

1÷7＝0.14285714…

142857がくり返される。

どうして？

筆算を見ると，左の□が
くり返されるから。

ずっと
続くよ

同じ10

---

2 1÷7の商はどうなりましたか

0.14285714285714… と
永遠に続く

0.142857142857
と142857が繰り
返されている

どういうこと？

商を見ると，142857が繰り返されることを
全体で共有し，その後筆算から，繰り返される
理由を説明させる。

---

3 さらに，□÷7の□が2，3，4，5，6
だったら商はどうなりますか。好きな数を選
んで筆算をしてみましょう

2÷7は，
0.285714285714…で
285714の繰り返しに
なった

3÷7は，0.428571428571…で
428571の繰り返しになっている

2〜6までの中から好きな数を選び，筆算
に取り組む。その後，結果を共有し，他の数も
繰り返しになることを確認する。

9	小数、小数のたし算と ひき算
10	式と計算
11	分数
12	変わり方
13	面積
14	小数のかけ算・わり算
15	立方体・直方体

本時の評価

・整数÷整数の筆算を割り進めていくことができたか。

・筆算のしくみから，商を表す数字の並び方の規則性に気付くことができたか。

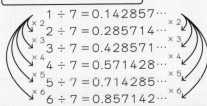

> さらに，もしも□が～だったら… | 2、3、4、5、6

```
  0.285714…        0.428571…        0.571428…        0.714285…        0.857142…
7)2.0            7)3.0            7)4.0            7)5.0            7)6.0
  14               28               35               49               56
  60               20               50               10               40
  56               14               49               7                35
  40               60               10               30               50
  35               56               7                28               49
  50               40               30               20               10
  49               35               28               14               7
  10               50               20               60               30
  7                49               14               56               28
  30               10               60               40               20
  28               7                56               40               14
  20               30               40               50               60
```

> 商をくらべて気付いたこと

$1÷7=0.142857…$　×2
$2÷7=0.285714…$　×2 ×3
$3÷7=0.428571…$　×3 ×4
$4÷7=0.571428…$　×4 ×5
$5÷7=0.714285…$　×5 ×6
$6÷7=0.857142…$　×6

。どれもくり返しになっている。
。くり返しのスタートがちがうだけで数のならびは同じ。

4 1÷7，2÷7，3÷7，…それぞれの商を比べたとき，どんなことに気付きますか

> どれも繰り返しになっている

> スタートの場所が違うだけで，どれも数の並びが，142857となっている

板書のように商を並べて示し，商を表す数字の並び方の規則性に気付くようにさせたい。

まとめ

本時は，整数÷整数で割り進みをするときの筆算の仕方を理解することを目的としている。あわせて，商を表す数字の規則性について考えることも行う。問題解決を通して割り進む筆算の習熟を図るとともに，循環小数，そしてその規則性の面白さに触れる機会としたい。

本時案

小数の倍について 考えよう①

12/13

本時の目標

・小数倍の意味について考え，理解することができる。

授業の流れ

1 （中学年の給食の写真を示して）これはある日の給食のメニューです

 チーズドッグだ

 ポトフ

フルーツポンチ

（その右に高学年の給食の写真を示す）

実は，左は皆さんが食べている給食の量，中学年のもので，右は高学年のものです

メニューは同じだけど右の方が多いよ

今日は，最初にチーズドッグの量の変化について考えたいと思います

まずは，実際の量を示さず，板書にあるように重さをテープに置き換えて関係を示し，倍の見方を促す。

○月□日（△）

ある日の給食メニュー

自分たち

チーズドッグ
ポトフ
フルーツポンチ

中学年 → 高学年

量がふえる

2倍はない

1.5倍

1.2倍 1.3倍

重さでくらべると…

高

中

高学年のチーズドッグの重さは144gです。
中学年のチーズドッグの重さは120gです。
高学年のチーズドッグの重さは、中学年のチーズドッグの重さの何倍ですか。

2 実際に重さを数値で示しますね。（問題文を書き）高学年のチーズドッグの重さは，中学年のチーズドッグの重さの何倍になるでしょうか

144÷120＝1.2
だから1.2倍

中学年の量120gを何倍かすると高学年の量144gになるから，
120×□＝144
　　□＝144÷120
　　□＝1.2
だから1.2倍

3 高学年の量144gが，中学年の量120gの1.2倍になっていることを，紙テープを使って説明しましょう

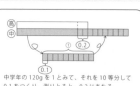

① 0.2

中学年の120gを1とみて、それを10等分して0.1をつくり、測りとると、0.2にあたる

0.1

中学年の量を表す紙テープを1とみて，高学年の量を測りとる操作を行う。その後，紙テープの下に倍を表す直線を引き，板書のような図を完成させる。

小数の倍について考えよう①
136

9	小数、小数のたし算とひき算と
10	式と計算
11	分数
12	変わり方
13	面積
14	小数のかけ算・わり算
15	立方体・直方体

本時の評価

- 既習の倍の意味をもとに，小数倍の意味を理解し，何倍かを表す数を求めることができたか。
- 2つの数量の関係に着目して，小数倍について図を用いて考え，説明することができたか。

準備物

- 144cmの紙テープ（高学年 2 本）
- 120cmの紙テープ（中学年 3 本）
- 給食の写真（イラストも可，高学年，中学年）

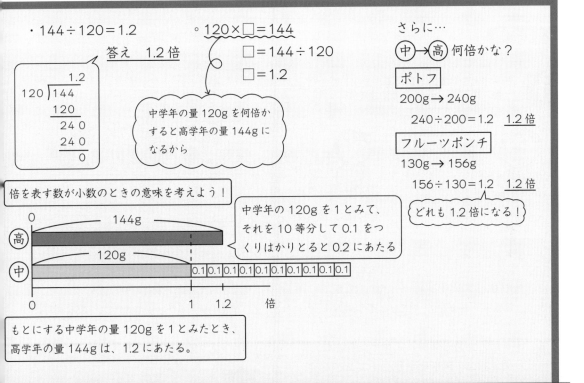

- 144 ÷ 120 = 1.2

答え　1.2 倍

```
        1.2
  120 ) 144
        120
         240
         240
           0
```

○ 120 × □ = 144
　□ = 144 ÷ 120
　□ = 1.2

中学年の量 120g を何倍かすると高学年の量 144g になるから

さらに…
中→高 何倍かな？

ポトフ
200g → 240g
　　240 ÷ 200 = 1.2　1.2 倍

フルーツポンチ
130g → 156g
　　156 ÷ 130 = 1.2　1.2 倍

どれも 1.2 倍になる！

倍を表す数が小数のときの意味を考えよう！

中学年の 120g を 1 とみて，それを 10 等分して 0.1 をつくりはかりとると 0.2 にあたる

もとにする中学年の量 120g を 1 とみたとき，高学年の量 144g は、1.2 にあたる。

4 さらに，ポトフやフルーツポンチは何倍になっているのかな？

ポトフもフルーツポンチも1.2倍になっている

ポトフは240÷200で1.2 フルーツポンチは，156÷130で1.2

実は，給食の量は，中学年の量を 1 とすると，高学年の量は，1.2になるようにつくっています

低学年の量はどうなっているんだろう？

ポトフやフルーツポンチの量を示し，どれも1.2倍になっていることを確かめる。

まとめ

　小数倍の意味を考える際には，既習の整数倍の意味をもとに，基準となる量を 1 とみて，比較する量を測りとっていく操作を行う。そして，半端な部分が出た際には，さらに基準とする量を10等分して0.1をつくり，それを単位として測りとっていく。

　このような操作とわり算の式を結びつけながら小数倍の意味について，理解を深めていくことが大切である。

本時案

小数の倍について考えよう②

13/13

授業の流れ

1 （低・中・高学年の給食の写真を示して）一番左の写真は低学年の給食です

低学年は今見るとこんなに少ないんだ

前の授業で中学年の量を1とみると，高学年の量は1.2になっていることが分かりました。今日は，中学年の量を1とみると，低学年の量がいくつになるか考えたいと思います

上記のやりとりを通して，中学年の量を1とみて，低学年の量がいくつにあたるか，つまり，中学年の量をもとに考えていくことを確認する。その後，前時と同様にまずは，重さをテープに置き換えて関係を示し，1より小さい小数の倍になることを捉えられるようにする。

○月□日（△）

給食　中学年　→　高学年

低学年はどうなっているの？　1.2倍

自分たち

？　　中学年の量を1とすると　　高学年の量は1.2にあたる　0.8倍

低　　　　　　　　　　0.9倍

中

低学年のチーズドッグの重さは96gです。
中学年のチーズドッグの重さは120gです。
低学年のチーズドッグの重さは、中学年のチーズドッグの重さの何倍ですか。

2 実際に重さを数値で示しますね。（問題文をかき）低学年のチーズドッグの重さは，中学年のチーズドッグの重さの何倍になるでしょうか

$96 \div 120 = 0.8$
　　　　0.8倍

$120 \times \square = 96$
$\square = 96 \div 120$
$\square = 0.8$
　　0.8倍

3 低学年の量96gが中学年の量120gの0.8倍になっていることを紙テープを使って説明しましょう

中学年の量を1とみて，それを10等分して0.1をつくり，それをもとに測りとると0.8にあたることから，「120gを1とみると，96gは0.8にあたる」という見方をここでも繰り返して確認する。

9 小数、小数のたし算とひき算と

10 式と計算

11 分数

12 変わり方

13 面積

14 小数のかけ算・わり算

15 立方体・直方体

本時の評価

・倍を表す数が純小数のときの意味を理解し，何倍かを求めることができたか。
・純小数倍の意味について考え，説明することができたか。

準備物

96cm の紙テープ（低学年 2 本）
120cm の紙テープ（中学年 2 本）
給食の写真（イラストも可，低学年，中学年，高学年）

○ 96÷120＝0.8

　　答え 0.8 倍

$$\begin{array}{r} 0.8 \\ 120\overline{\smash{)}960} \\ \underline{960} \\ 0 \end{array}$$

○ 120×□＝96

　□＝96÷120

　□＝0.8

倍を表す数が 1 より小さい小数のときの意味を考えよう。

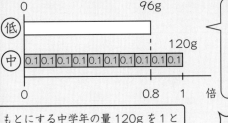

前の時間と同じように、中学年の 120g を 1 とみてそれを 10 等分して 0.1 をつくり，はかりとると 0.8 にあたる。

もとにする中学年の量 120g を 1 とみたとき、低学年の量 96g は、0.8 にあたる。

倍の意味はこれまでと同じ！

さらに…

低 ← 中 何倍かな？

ポトフ
160g ← 200g
　　160÷200＝0.8　0.8 倍

フルーツポンチ
104g ← 130g
　　104÷130＝0.8　0.8 倍

どれも 0.8 倍になる！

	低	中	高
チーズドッグ	96	120	144
ポトフ	160	200	240
フルーツポンチ	104	130	156
合計	360	450	540

低 → 高 は？
たとえば、合計でくらべると
540÷360＝1.5　1.5 倍

---

4 さらにポトフやフルーツポンチは何倍になっているのかな？

ポトフは 160÷200＝0.8 で 0.8 倍、フルーツポンチは，104÷130＝0.8 で 0.8 倍、やっぱり同じように 0.8 倍になっている

この表は，低学年，中学年，高学年の量をまとめたものです。低学年から高学年へは，何倍になっているのかな？

例えば、合計で比べると、540÷360＝1.5 で 1.5 倍

まとめ

　倍を表す数が純小数の場合も，その意味を図と関係付けて説明させることで，小数倍の意味について理解を深めていけるようにしたい。

　なお，給食の量は，子どもたちが必要な 1 日のエネルギー量をもとに，例えば中学年を 1 としたとき，低学年を 0.8，高学年を 1.2 とするといったように決めている。身近なところで小数倍が使われていることを知ってほしいと思い，給食の変化に着目しながら，小数倍について学ぶ題材を取り上げた。

15 立方体・直方体　（9時間扱い）

単元の目標
・直方体や立方体について知り，構成要素やその位置関係を理解する。
・展開図や見取図をかく活動を通して，立体図形の観察と表現の能力を高める。
・平面上や空間の中のものの位置の表し方を理解する。

評価規準

知識・技能	○直方体や立方体について，構成要素や，面と面，面と辺，辺と辺の位置関係を理解している。 ○直方体や立方体の見取図や展開図をかいたり，それらをもとに直方体や立方体を分解，構成したりすることができる。 ○ものの位置の表し方を理解し，平面上は2つの要素，空間の中では3つの要素でものの位置を表すことができる。
思考・判断・表現	図形を構成する要素やその位置関係に着目して立体図形の構成の仕方を考察し，図形の性質を見いだすことができる。
主体的に学習に取り組む態度	これまで身に付けてきた図形の見方や新たに獲得した見方を活用して直方体や立方体を観察し，構成について考えようとする。

指導計画　全9時間

次	時	主な学習活動
第1次 直方体と立方体の概念	1	箱の形の仲間分けについて考える。
	2	直方体と立方体を構成する面の種類について考える。
	3	辺の接続に着目して，立方体の展開図について考える。
	4	直方体A（正方形の面を含む）の十字型展開図について，面の種類や辺の長さに着目して考える。
	5	直方体B（正方形の面を含まない）の十字型展開図について，面の種類や辺の長さに着目して考える。
第2次 直方体と立方体の構成要素とその位置関係	6	面と面，辺と辺，面と辺の関係に着目して，見取図のかき方について考える。
	7	直方体と立方体の違いについて，構成要素とその位置関係に着目して考える。
第3次 位置の表し方	8	平面上にある点の位置の表し方について考え，その方法を理解する。
	9	空間の中にある点の位置の表し方について考え，その方法を理解する。

⑴図形の構成要素に着目した考え方

　立体図形については，第2学年において身の回りにある箱の形を対象に，構成要素（頂点，辺，面）に着目して，図形を観察したり構成したりしてきている。

　ここでは，直方体や立方体について，これらの立体図形を構成する要素に着目し，辺と辺，辺と面，面と面の位置関係を考察してその概念を捉えていく。また，立体図形を平面上に表現（見取図）したり，平面上に表現された図（展開図）から立体図形の構成の仕方を考察したりする。

　このとき大切にしたいのは，「構成要素に着目して考える」という数学的な見方・考え方を，子ども自らが働かせていく学習過程である。

　直方体や立方体の構成要素を表に整理させたからと言って，必ずしも子どもが「構成要素に着目して考える」という数学的な見方・考え方を働かせたわけではない。子ども自らが図形を構成する要素に着目して考える姿を引き出す学習を構成していくことが大切なのである。

⑵立方体と直方体を構成要素の観点から捉える

　そこで，本単元では「直方体や立方体を切り開いたり，つくったりする」ことを目的として位置付け，その目的のために図形を観察する（構成要素に着目して考える）必要感を引き出していく。

　立方体を展開図に切り開くため（バラバラにならないようにするため）には，面と面の接続について考えていく必要がある。このとき子どもは，立方体の辺に自ら着目して，どの辺を切り離し，どの辺をつなげたままにしておくべきかを考えようとする。

　直方体の展開図について考える学習では，直方体A（正方形の面を含む），直方体B（正方形の面を含まない）の2つの図形を扱う。直方体と立方体の十字型展開図について考えた場合，立方体では1通り，直方体Aでは3通り，直方体Bでは6通りの十字型展開図ができ上がる。こうした違いが何によって生まれてくるのかを考える過程では，面の種類や辺の長さの違いが浮き彫りになってくる。こうして，立方体と直方体の違いが，構成要素の観点から明らかになっていくのである。

⑶構成要素の関係に着目して考える必要感を引き出す

　見取図をかく活動では，「ゆがんだ見取図」をもとに正しい見取図のかき方について考えていく学習も位置付けた。ここでは，「ゆがんだ図を正しい図に直すにはどうすればよいか」という目的のもと，面の形や，面と面，辺と辺，面と辺の位置関係に子どもが着目して考えていく過程を重視したい。

　教師が「着目しなさい」と言うから子どもが構成要素の位置関係に目を向けていくのではなく，目的のために，子ども自らが面と面などの位置関係に着目して考えようとする過程を大切にしていくのである。

　こうした強い目的意識があってこそ，子どもは数学的な見方・考え方を働かせていく。立体図形を指示通りにつくる（構成する）作業，かく作業にならないよう，「つくるため，かくために図形のどこに着目して考えていくか」を，単元を通して子どもから引き出していきたい。

9 小数，小数のたし算とひき算と

10 式と計算

11 分数

12 変わり方

13 面積

14 小数のかけ算・わり算

15 立方体・直方体

本時案

箱の形を仲間分けしよう

本時の目標

・身の回りにある箱を仲間分けし，その分け方の理由を説明したり，友達の分け方の理由を考えたりすることができる。

授業の流れ

1 箱当てクイズをしよう！

事前に呼びかけ，自宅などから箱を持ってくるように伝えておく。本時の導入では，その中から6〜8つほどの箱を使って「箱当てクイズ」を行う。この際，質問は3回までで，「はい」か「いいえ」で答えられるものにするなどのルールを確認する。

どの箱かな？　仲間分けクイズ！

A B C D E F G H

仲間分けの活動では，分ける際に複数の観点が混ざらないように，一つの観点から全ての形を分けることを確認する。

2 箱の形で仲間分けをしてみよう

面の形が四角形だけの箱（直方体と立方体）を取り出し，その形に着目した仲間分けの活動を行う。

すぐに友達と話し合わせるのではなく，まずは，自分なりの分け方について考えることを大切にするように伝える。

3 どのような見方で分けたの？

同じ分け方の友達で集まって話し合わせ，自分たちがどのような見方で仲間分けをしたのかについて，ノートにまとめさせる。

その後，分け方を全体で交流する。このとき，分け方の理由（どこに着目したか）を明らかにしながら板書に位置付けていく。

- 自分なりの根拠を明らかにして，身の回りにある箱の形を仲間分けできたか。
- 仲間分けの仕方について，自分の観点と友達の観点の違いを理解することができたか。
- 基準が曖昧な観点とそうでないものとの区別を理解することができたか。

準備物
- 箱（6～8つ）

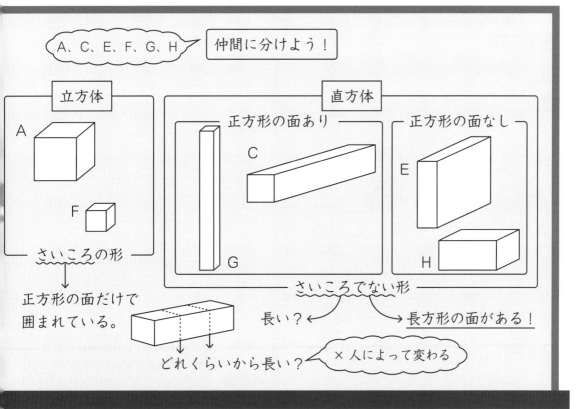

A、C、E、F、G、H 仲間に分けよう！

立方体

A

F

さいころの形
↓
正方形の面だけで囲まれている。

直方体

正方形の面あり

C

G

正方形の面なし

E

H

さいころでない形

長い？ ← → 長方形の面がある！

どれくらいから長い？ ×人によって変わる

---

4 どれくらいから長いと言えるかな？

これは長いと言える？

長い

短いと思う

どのような見方で分けたかを全体で交流する。「箱の長さ」などの観点が出てきたら，どれくらいから長い箱と言えるかについて，全体で確認していく。そして，分ける基準が人によって変わる（曖昧な）観点とそうでない観点があることを明らかにする。

まとめ 正方形だけで囲まれた形を立方体と言います

観点の基準が明確であれば，どの分け方も認めていく。その中で，最終的に面の形に着目して分けたものについて取り上げ，これらには直方体と立方体という名前が付いていることを確認する。

本時案

箱をつくろう

本時の目標

・箱をつくる活動を通して，直方体と立方体を構成している面の種類の違いを見いだすことができる。

授業の流れ

1 箱をつくろう

予め用意した3種類（直方体2種類と立方体）の箱を見せ，これからこの3つの箱を実際につくることを伝える。

その後，「これらの箱をつくるにはどんな面が必要かな？」と全体に問う。そして，3種類の箱を個々に配付して観察する時間を取る。

○月□日（△）

どんな面がある？	立	直A	直B
正方形	6面	2面	なし
長方形	なし	4面	2×3面

3種類の長方形があるよ！

個々に観察できる箱を予め用意しておく。場合によっては，2人に1セットずつでもよい。

2 どんな面がいくつ必要かな？

直方体Bは，3種類の長方形が2面ずつあるよ！

箱を観察し終わったタイミングで，必要な面の種類について，直方体2種類（正方形を含むものをA，含まないものをB）と立方体に分けて確認し，これを板書上の表に整理していく。

3 部品（面）をつくろう！

必要な面の形を明らかにする中で，それぞれの面の辺の長さも確認していく。

全ての面を確認し終えたら，工作用紙などを使って必要な面を作成する活動に入る。

9
小数、小数のたし算と
ひき算

10
式と計算

11
分数

12
変わり方

13
面積

14
小数のかけ算・わり算

15
立方体・直方体

本時の評価

・3種類の箱を構成している面の種類を調べることができたか。
・工作用紙に，必要な面をかき込むことができたか。
・立方体を作成することができたか。

準備物

・3種類の箱（立方体1つと
　直方体2つ：掲示用と個々
　の観察用）
・工作用紙，ハサミ，テープ

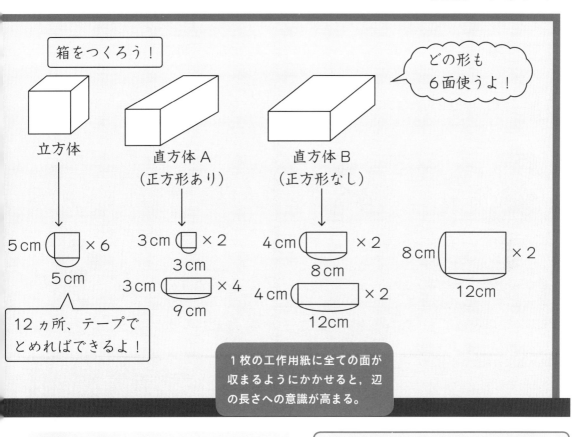

箱をつくろう！

どの形も
6面使うよ！

立方体　　　直方体A　　　直方体B
　　　　　（正方形あり）　（正方形なし）

5cm　[5cm×5cm] ×6

3cm　[3cm×3cm] ×2
3cm　[3cm×9cm] ×4

4cm　[4cm×8cm] ×2
4cm　[4cm×12cm] ×2

8cm　[8cm×12cm] ×2

12ヵ所，テープで
とめればできるよ！

1枚の工作用紙に全ての面が
収まるようにかかせると，辺
の長さへの意識が高まる。

4 立方体をつくろう！

本時では立方体のみつくることを伝える。
テープを用意し，面と面をつなぎ合わせて箱を
作成させる。
　このとき，「何カ所，テープでつなげる必要
があるか」を問い，立方体の辺の数を明らかに
する。

まとめ

他の2種類の
箱も早くつく
りたい！

箱の形によって，必要な面の種類と数が
違うことを明らかにする。
　また，立方体を完成させることで，「残
りの直方体2種類もつくりたい」という，
次時以降につながる思いを引き出す。

本時案

立方体を開いて みよう

本時の目標

・立方体を切り開いたり，立方体の展開図をつくったりする活動を通して，辺の重なりや面のつながり方について考えることができる。

授業の流れ

1 何カ所の辺を切ればいいかな？

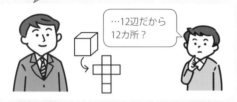

…12辺だから12カ所？

実際の立方体とその十字型展開図を提示し，何カ所の辺を切れば箱を開くことができるかについて予想させ，全体で交流する。

その後，「この中で絶対にあり得ない予想はあるかな？」と問い，「全部で12辺しかないから，それより多くなることはない」といった，立方体の辺の数に着目した考え方を引き出していく。

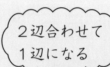

立方体を開こう！

何ヵ所の辺を切ればいい？

4ヵ所　6ヵ所　8ヵ所　14ヵ所
5ヵ所　7ヵ所　12ヵ所

もともとくっついている！

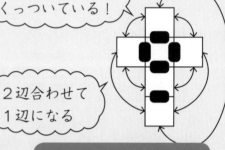

2辺合わせて1辺になる

前時に作成してある立方体を予め用意させ，それを観察しながら考えるようにする。

2 展開図を見て考えた人はいるかな？

十字型展開図をもとに，辺の重なりに着目した見方をしている子どもの考えを取り上げる。

その後，ノートに十字型展開図をかかせ，「立方体にしたときに重なると考えられる辺」に，色線や矢印などをかき込ませる。

3 立方体を切り開いてみよう！

重なる辺が，全部で7組あることを確認する。その後，安全に留意しながら，実際に立方体を十字型に切り開く活動を行う。

開き終わったら，十字ではない展開図になってしまったものを取り上げて板書に位置付ける。これにより，十字型以外にも立方体の展開図ができそうだという思いを引き出していく。

9	小数、小数のたし算とひき算と
10	式と計算
11	分数
12	変わり方
13	面積
14	小数のかけ算・わり算
15	**立方体・直方体**

・立方体を構成する正方形（面）の辺の重なりについて，展開図をもとに考えることができたか。

・面のつながり方に着目し，立方体の展開図をつくることができたか。

・立方体の箱（掲示用）

・前時でつくった立方体の箱

・正方形の工作用紙（児童数×30以上，掲示用）

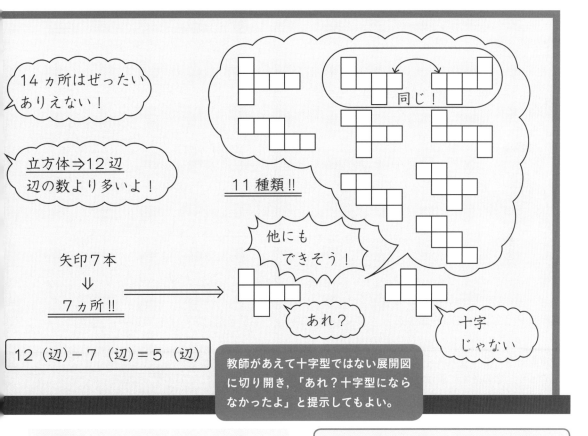

14ヵ所はぜったいありえない！

立方体⇒12辺 辺の数より多いよ！

11種類!!

同じ！

他にもできそう！

矢印7本 ⇓ 7ヵ所!!

あれ？

十字じゃない

12（辺）－7（辺）＝5（辺）

教師があえて十字型ではない展開図に切り開き，「あれ？十字型にならなかったよ」と提示してもよい。

---

4 全部で何通りできるのかな？

できた！

改めて一人ひとりに正方形の面を配付した上で，全部で何種類の展開図ができるかを探す活動を行う。できた展開図から順に板書に位置付けていく。

まとめ

同じ！

どの展開図も立方体の12辺のうち7辺を切り，残りの5辺がつながっていることを式（12－7＝5）に整理する。

展開図は，裏返したり回転させたりして重なるものは同じであることを確認し，全部で11種類あることを明らかにしていく。

直方体の展開図をつくろう①

4/9

・直方体Aで十字型展開図ができるかを確かめる活動を通して，立方体に比べて展開図の数が増える理由について，面の種類や辺の長さに着目して考えることができる。

授業の流れ

1 直方体Aで十字型展開図はできる？

できると思う

前時につくった立方体の十字型展開図を提示し，直方体A（正方形の面を一組含む）では十字型展開図をつくることができるかについて考えさせる。これにより，「辺の長さは変わっても，面の並び方は変わらないからできると思う」「辺の長さが違うから，立方体のようにはつながらないところができるんじゃないかな」といった，辺の長さに着目した考え方を引き出し，これを板書に位置付けていく。

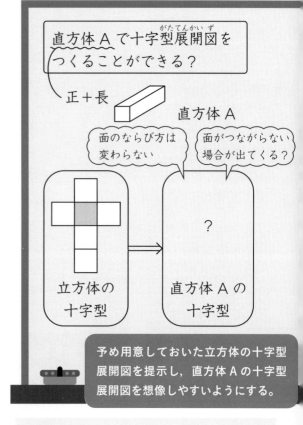

予め用意しておいた立方体の十字型展開図を提示し，直方体Aの十字型展開図を想像しやすいようにする。

2 実際にできるか確かめてみよう

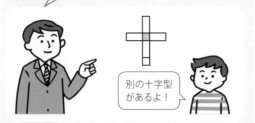

別の十字型があるよ！

第2時に作成した直方体Aの面を用いて，実際に十字型展開図をつくる活動に取り組ませる。
その後，展開図が完成した子を1人指名して，黒板上にそれを再現させる。これにより，他の子から「別の十字型もあるよ！」という声を引き出していく。

3 別の十字型があるの！？

この面が真ん中に来るよ

「別の十字型がある」と発言する子を指名し，その十字型展開図の「真ん中の面」だけを黒板に貼らせる。それをもとに，どんな十字型展開図になりそうなのかについて考える時間を取る。

9	小数、小数のたし算とひき算
10	式と計算
11	分数
12	変わり方
13	面積
14	小数のかけ算・わり算
15	立方体・直方体

本時の評価

・直方体 A の十字型展開図の構成の仕方について考えることができたか。
・直方体 A の十字型展開図が 3 通りできる理由について、面の種類や辺の長さに着目して考えることができたか。

準備物

・十字型展開図（立方体）
・直方体 A
・直方体 A の 6 面（大量）

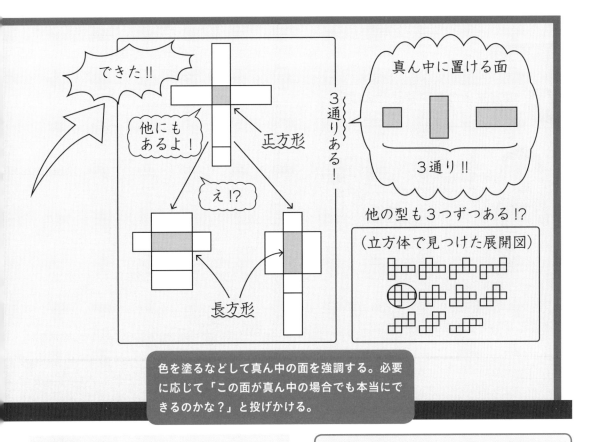

色を塗るなどして真ん中の面を強調する。必要に応じて「この面が真ん中の場合でも本当にできるのかな？」と投げかける。

---

4 なぜ、3 通りできたのかな？

真ん中に置く面が 3 通りあるから…

　直方体 A では十字型展開図が 3 通りできることを確認した上で、3 通りできた理由について考える場をつくる。
　子どもの実態に応じて、「真ん中の面に着目して考えてみよう」と投げかけてもよい。

まとめ

　真ん中の面の種類と置き方から、十字型展開図が 3 通りできることを明らかにする。時間があれば、立方体で見つけた残りの10種類の型の展開図についても、直方体 A の場合で考えさせてもよい。
　活動には長い時間がかかるため、家庭学習などにして、発見したものを順次掲示していく方法もある（線対称の展開図は 3 つずつ、点対称の展開図は回転すると同じになるため、2 つずつできる）。

直方体の展開図をつくろう②

・直方体Bで十字型展開図ができるかを確かめる活動を通して，立方体や直方体Aに比べて展開図の数が増える理由について，面の種類や辺の長さに着目して考えることができる。

授業の流れ

1 直方体Bの十字型展開図は何通り？

> 直方体Aよりも面の種類が多いから，展開図も多くできるんじゃない？

前時の学習を踏まえ，直方体B（正方形の面を含まない）の十字型展開図が何通りできるかについて予想させる。

これにより，面の種類や辺の長さに着目した考え方を引き出し，これを板書に位置付けていく。

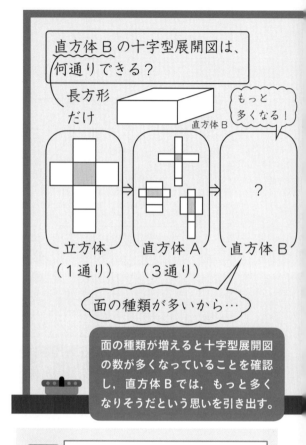

直方体Bの十字型展開図は、何通りできる？

長方形だけ

直方体B

もっと多くなる！

立方体（1通り） → 直方体A（3通り） → 直方体B ？

面の種類が多いから…

面の種類が増えると十字型展開図の数が多くなっていることを確認し，直方体Bでは，もっと多くなりそうだという思いを引き出す。

2 実際にできるか確かめてみよう

前時の経験から，子どもは直方体Bの十字型展開図が複数できることを予想するはずである。そこで，2時間目に作成済みの面を使って，個々に直方体Bの十字型展開図をつくる活動に取り組ませる。

3 いくつ見つけられるかな？

> この面が真ん中になったよ

直方体Bの十字型展開図を作成できた子が現れたら，順次，その発見した展開図の真ん中の面だけを黒板上に貼らせる。これにより，「その面が真ん中なら…」と，自分でもその展開図を見いだそうと動き出す姿を引き出す。

9 小数、小数のたし算とひき算

10 式と計算

11 分数

12 変わり方

13 面積

14 小数のかけ算・わり算

15 立方体・直方体

本時の評価
・直方体Bの十字型展開図の構成の仕方を考えることができたか。
・直方体Bの十字型展開図が6通りできる理由について，面の種類や辺の長さに着目して考えることができたか。

準備物
・十字型展開図（立方体）
・直方体B
・直方体Bの6面（大量）

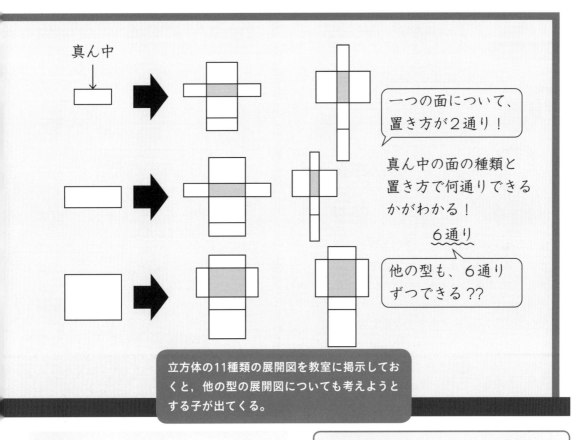

一つの面について、置き方が2通り！

真ん中の面の種類と置き方で何通りできるかがわかる！

6通り

他の型も、6通りずつできる？？

立方体の11種類の展開図を教室に掲示しておくと，他の型の展開図についても考えようとする子が出てくる。

4 これで全部かな？

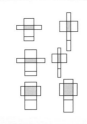

　でき上がった十字型展開図全てを示させる前に，真ん中の面の置き方を一通り確認する。そして，面の種類が3種類，置き方がそれぞれ2通りであることから，全部で6通りの展開図ができることを明らかにする。その後，6通りの展開図全てを板書上に作成させる。

まとめ

　一つの面を基準にし，その面の種類や辺の長さ（置き方）に着目することで，展開図が何通りあるのかを予想できることを明らかにする。その後，時間があれば，残りの10種類の型の展開図についても考えさせる。

　長期休みを活用して，いくつ見つけられるかを競い合っても面白い（線対称の展開図は6つずつ，点対称の展開図は回転すると同じになるため，3つずつできる）。

本時案

見取図をかこう

本時の目標

・直方体の見取図を観察したり，かいたりする活動を通して，面と面，辺と辺，面と辺の位置関係について考えることができる。

授業の流れ

1 直方体の見取図をかこう

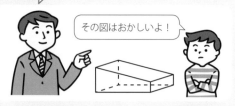

その図はおかしいよ！

はじめに直方体の実物と，その見取図（ゆがんでいる図）を提示する。子どもたちからは，「その図だとおかしいよ！」などといった声が上がる。

そこで，「この図のどこがおかしいの？」と全体に問い，提示した図を印刷したプリントを個々に配付して「図のどこがおかしいか」について考える時間を取る。

⓪の面がゆがんでる！

辺 AB と辺 EF が平行なら…

おとかの面がカックン！

→ 直角

実物の直方体を用意しておき，見取図と一緒に提示する。面の記号も予め箱にかき込んでおくとよい。

2 図のどこを直せばよい？

⓪の面の形がおかしいよ

個々に考えさせた後，どこを直せばよいかを確認していく。「おとかの面が『カックン』てなっていないといけないから…」「辺 AB と辺 EF の幅がずっと同じになるように…」といった発言を取り上げながら，面と面，辺と辺，面と辺の正しい位置関係について整理していく。

3 正しい見取図をかいてみよう

面と面，辺と辺，面と辺の位置関係を表す垂直と平行という表現について確認する。

そして，これらの位置関係を確かめながら，子どもたちと一緒に改めて正しい見取図のかき方を確認する。その後，実際に正しい見取図を個々にかく時間を取る。

9	ひき算と 小数、小数のたし算と
10	式と計算
11	分数
12	変わり方
13	面積
14	小数のかけ算・わり算
15	立方体・直方体

本時の評価

・ゆがんだ直方体の見取図について，面と面，辺と辺，面と辺の位置関係に着目して，どこを直せば正しい図に直るかについて考えることができたか。
・見取図のかき方を理解し，かくことができたか。

準備物

・直方体(掲示用の実物)
・立方体(掲示用の実物)
・見取り図（掲示用・配布用）

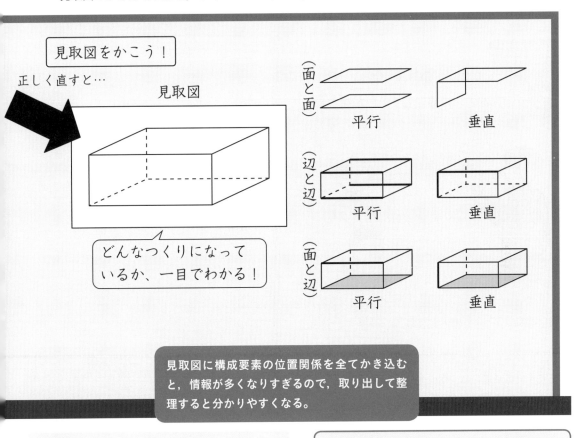

見取図をかこう！

正しく直すと…

見取図

どんなつくりになっているか、一目でわかる！

（面と面）平行　垂直

（辺と辺）平行　垂直

（面と辺）平行　垂直

見取図に構成要素の位置関係を全てかき込むと，情報が多くなりすぎるので，取り出して整理すると分かりやすくなる。

4 他の箱の見取図もかいてみよう

作図が終わった子から，他の箱の作図にも取り組めるように，いくつかの直方体や立方体を用意しておく。

まとめ

　立体における面と面や，辺と辺，面と辺の位置関係にも「垂直」「平行」といった表し方があることを確認する。
　見取図を作成する際，こうした視点で面と面，辺と辺，面と辺の位置関係を確かめながらかくことで，正しい作図ができることを全体で共有する。

本時案

直方体と立方体の違いを整理しよう

7 / 9

本時の目標

・直方体と立方体の違いを考えたり，オリジナルの箱を作成したりする活動を通して，これまで学んできた図形の見方について見直すことができる。

授業の流れ

1　図形のどこに着目してきたかな？

頂点の数

辺の長さや面の種類

はじめに，「これまでの学習で，図形を見るときに何に着目してきたか」を確認する。そして，これらをもとに，直方体と立方体を比べる視点（頂点や辺の数，面の種類，面と面や辺と辺，面と辺の関係）を整理していく。

どこに着目してくらべたらよいかな？

頂点
面　辺
角

・面と面
・辺と辺
・面と辺
関係は
同じ!!

4年生

これまでに作成した直方体や立方体を手元に用意させ，観察できるようにしておく。

2　どこが違うか調べてみよう

	ちょう点の数	面の数	辺の数
直方体	8	長2×3	12
立方体	8	正□×6	12

比べる視点を確認した上で，改めて直方体と立方体を提示し，その違いについて考える時間を取る。

直方体と立方体の特徴について，自分のノートに表を活用して視点ごとに整理していく。

3　オリジナルの箱を設計しよう

これまでの学習を生かし，見取図や展開図を使って，自分がつくりたい立方体や直方体の設計図を作成させる。

9	小数、小数のたし算とひき算
10	式と計算
11	分数
12	変わり方
13	面積
14	小数のかけ算・わり算
15	立方体・直方体

本時の評価

・直方体と立方体の違いについて，これまで学んできた図形の見方をもとに考えることができたか。
・これまで学んできた図形の見方を活用して，オリジナルの箱を作成することができたか。

準備物

・前時までに作成した立方体と直方体
・工作用紙

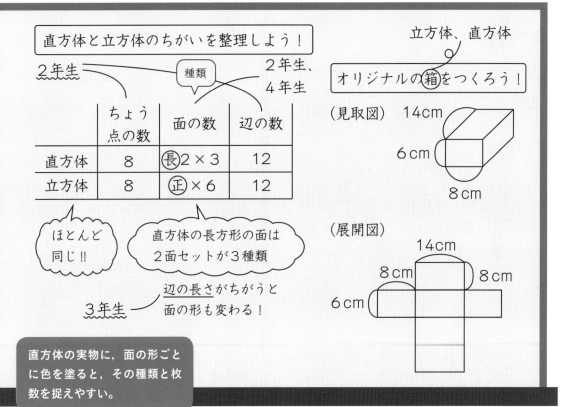

直方体と立方体のちがいを整理しよう！

2年生

	ちょう点の数	面の数（種類）	辺の数
直方体	8	長2 × 3	12
立方体	8	正 × 6	12

2年生、4年生

ほとんど同じ!!

直方体の長方形の面は2面セットが3種類

3年生　辺の長さがちがうと面の形も変わる！

立方体、直方体
オリジナルの箱をつくろう！

（見取図）
14cm
6cm
8cm

（展開図）
14cm
8cm　8cm
6cm

直方体の実物に，面の形ごとに色を塗ると，その種類と枚数を捉えやすい。

4 オリジナルの箱を完成させよう

　設計図をもとに，工作用紙を使ってオリジナルの箱を完成させる。
　時間があれば，2つ目に挑戦させてもよい。

まとめ

　これまで学んできた図形の見方をもとに，直方体と立方体の共通点や相違点について整理する。
　このとき，それぞれの図形の見方と，それを学んだ学年とを結びつけて確認する。こうして，図形に対する見方の広がりを実感させることで，「5・6年生ではどのような視点が増えるのか」といった，次の学びの期待へとつなげていく。

本時案

宝箱の位置はどこかな？①

8/9

本時の目標

・宝箱の位置の表し方について考える活動を通して，平面上の点の位置は，2つの長さの組で表されることを理解することができる。

授業の流れ

1 宝箱はどこにあると言える？

蛍光灯の真下！

　教室の床に宝箱を設置し，「宝箱は教室の中のどこにあると言えるかな？」と全体に投げかける。

　はじめ，子どもからは「壁から2mくらいのところかな」「蛍光灯のちょうど真下」などといった表現が出てくる。こうした位置の表し方を取り上げながら，曖昧な表現では位置について正確に表せないことを明らかにしていく。

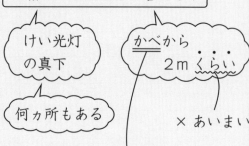

○月□日（△）

宝箱はどこにあると言える？

けい光灯の真下

かべから2mくらい

何ヵ所もある

×あいまい

・4ヵ所ある
・どこのかべ？

実際の測定の前に，「表し方」についてのアイデアを位置付けていく。

2 宝箱の位置の表し方を考えよう

　「宝箱の位置を表すには，どこの長さが分かればいいかな？」と全体に問う。

　その後，どこの長さを測ればよいかについて，個々の考えをノートに書く時間を取る。

3 位置を表すにはどこを測ればいい？

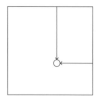

　「黒板側の壁からの長さを測ればいいと思う」「廊下側の壁からも測らないとだめじゃないかな」などといった発言をもとに，平面上の特定の位置は，縦と横，2つの長さがそろって初めて決まることを明らかにしていく。

9 小数、小数のたし算と ひき算

10 式と計算

11 分数

12 変わり方

13 面積

14 小数のかけ算・わり算

15 立方体・直方体

本時の評価

・宝箱の位置について，自分なりの方法で表すことができたか。
・平面上の点の位置について，2つの長さの組で表されることを理解することができたか。

準備物

・宝箱
・方眼紙（掲示用・配布用）

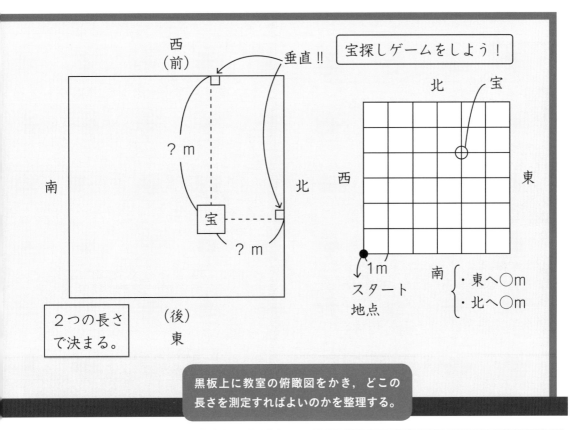

黒板上に教室の俯瞰図をかき，どこの長さを測定すればよいのかを整理する。

4 宝箱の位置を実際に確かめてみよう

子どもたちの指示通りに教師が動いて，必要な長さを測定する。これにより，「壁から垂直に測らなければだめだよ」「"東へ"とか，"南へ"とかを付けないとだめだよ」などといった表現を引き出し，それらを板書に位置付けていく。

まとめ

どこをどのように測定したのかを，板書の図に整理して改めて確認する。
その後，「宝探しゲームをしよう」と投げかけ，方眼がかかれたプリントを配付し，ペアで取り組ませる（一方が，プリントの中の宝を隠す位置を決めて，「東へ〇ｍ，北へ△ｍ」などとヒントを伝える。これをもとに，もう一方の子が宝の位置を当てる）。

第8時
157

本時案

宝箱の位置は
どこかな？②

本時の目標

・宝箱の位置の表し方を考える活動を通して、空間にある点の位置は、3つの長さの組で表されることを理解することができる。

授業の流れ

1 宝物は、どこにあると言える？

予め教室の天井の特定の場所から宝箱をぶら下げておく。そして、「宝箱は教室の中のどこにあると言えるかな？」と全体に投げかける。

前時の学びをもとに、子どもからは「2つの長さだけじゃ表せないんじゃないかな？」「高さも必要になりそうだよ」といった発言が出てくるので、こうした表現を板書に位置付けていく。

○月□日（△）

宝箱はどこにあると言える？

"ゆか"にない！

2つの長さだけじゃ足りないよ

ういている？

"高さ"も必要!!

前時とは何が違うのかを問い、「高さ」が必要であることを明らかにする。

2 宝箱の位置の表し方を考えよう

「宝箱の位置を表すには、どこの長さが分かればいいかな？」と全体に問う。

その後、どこの長さを測ればよいかについて、個々の考えをノートに書く時間を取る。

3 位置を表すにはどこを測ればいい？

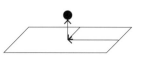

「前回と同じように2つの壁からの長さは測る必要があるよ」「床からの高さも正確に測らないと」などといった発言をもとに、空間にある特定の位置は、縦と横と高さ、3つの長さがそろって初めて正確に表せることを明らかにしていく。

9 小数、小数のたし算と ひき算

10 式と計算

11 分数

12 変わり方

13 面積

14 小数のかけ算・わり算

15 立方体・直方体

本時の評価

・宝箱の位置について，自分なりの方法で表すことができたか。
・空間にある点の位置について，3つの長さの組で表されることを理解することができたか。

準備物

・宝箱
・ひも（吊す用）

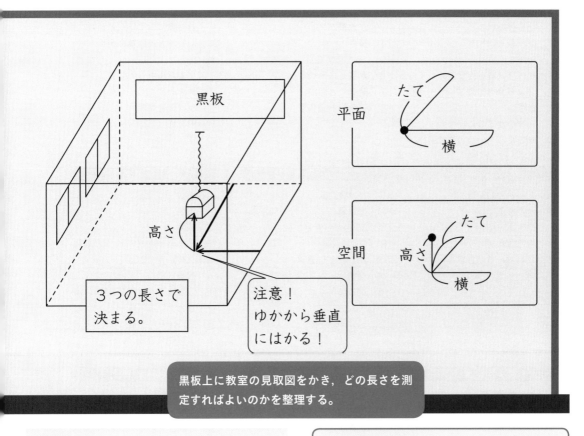

黒板上に教室の見取図をかき，どの長さを測定すればよいのかを整理する。

4 宝箱の位置を実際に確かめてみよう

子どもたちの指示通りに教師が動いて，必要な長さを測定する。これにより，「床からも垂直に天井に向かって測らなければだめだよ」などといった表現を引き出し，それらを板書に位置付けていく。

まとめ

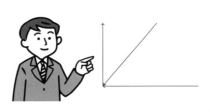

どこをどのように測定したのかを，板書の図に整理して改めて確認する。
また，前時の平面上の点の位置の表し方と比較し，空間の点の位置の表し方になると，「高さ」も必要になることを明らかにする。

全12巻単元一覧

第1学年 ■ 上
1 なかまづくりとかず
2 なんばんめ
3 たしざん(1)
4 ひきざん(1)
5 ながさくらべ
6 せいり（表とグラフ）
7 10より大きいかず
8 とけい
9 3つのかずのけいさん
10 かさくらべ・ひろさくらべ

第2学年 ■ 上
1 表とグラフ
2 たし算
3 ひき算
4 長さ
5 1000までの数
6 かさくらべ
7 時こくと時間
8 三角形と四角形

第3学年 ■ 上
1 かけ算
2 時こくと時間
3 わり算
4 たし算とひき算の筆算
5 長さ
6 あまりのあるわり算
7 大きな数
8 かけ算の筆算
9 円と球

第1学年 ■ 下
11 たしざん(2)
12 かたちあそび
13 ひきざん(2)
14 大きなかず
15 たしざんとひきざん
16 かたちづくり

第2学年 ■ 下
9 かけ算(1)
10 かけ算(2)
11 1000より大きい数
12 長い長さ
13 たし算とひき算
14 分数
15 はこの形

第3学年 ■ 下
10 小数
11 重さ
12 分数
13 □を使った式
14 2桁のかけ算
15 倍の計算
16 二等辺三角形・正三角形・角
17 表とグラフ
18 そろばん
19 3年のまとめ

第4学年 ■ 上
1 大きな数
2 折れ線グラフ・資料の整理
3 わり算の筆算
4 角
5 2桁でわるわり算
6 倍の見方
7 垂直・平行と四角形
8 概数

第5学年 ■ 上
1 整数と小数
2 体積（直方体・立方体）
3 変わり方
4 小数のかけ算
5 小数のわり算
6 合同な図形
7 図形の角
8 整数の性質（偶数・奇数，倍数・約数）
9 分数と小数，整数の関係

第6学年 ■ 上
1 対称な図形
2 文字と式
3 分数と整数のかけ算・わり算
4 分数と分数のかけ算
5 分数と分数のわり算
6 比とその利用
7 拡大図・縮図
8 円の面積
9 立体の体積

第4学年 ■ 下
9 小数，小数のたし算とひき算
10 式と計算
11 分数
12 変わり方
13 面積
14 小数のかけ算・わり算
15 立方体・直方体

第5学年 ■ 下
10 分数のたし算とひき算
11 平均
12 単位量当たりの大きさ，速さ
13 面積
14 割合
15 帯グラフと円グラフ
16 正多角形と円
17 角柱と円柱

第6学年 ■ 下
10 比例と反比例
11 場合の数
12 資料の整理
13 6年のまとめ
14 中学との接続

監修者・編著者・執筆者紹介

[総合企画監修]

田中　博史（たなか　ひろし）

真の授業人を育てる職人教師塾「授業・人」塾主宰。前筑波大学附属小学校副校長，前全国算数授業研究会会長，筑波大学人間学群教育学類非常勤講師，学校図書教科書「小学校算数」監修委員。主な著書に『子どもが変わる接し方』『子どもが変わる授業』『写真と対話全記録で追う！ 田中博史の算数授業実況中継』（東洋館出版社），『子どもに教えるときにほんとうに大切なこと』（キノブックス），『現場の先生がほんとうに困っていることはここにある！』（文溪堂）等がある。

[編著者]

大野　桂（おおの　けい）

筑波大学附属小学校教諭。私立高等学校，東京都公立中学校，東京学芸大学附属世田谷小学校を経て，現職。全国算数授業研究会常任理事，日本数学教育学会幹事，教育出版教科書「小学算数」編集委員，隔月刊誌『算数授業研究』編集委員。主な著書に，『すべての子どもの学力に応じるビルドアップ型算数授業』『「発想」で拓き，「題名」でまとめる算数授業』『すべての子どもの学力に応じる算数一斉授業のつくり方』（東洋館出版社）等がある。

[執筆者]（執筆順）

大野　桂

第４学年の授業づくりのポイント，単元9「小数，小数のたし算とひき算」，単元13「面積」

尾形　祐樹（おがた　ゆうき）　　　東京都日野市立日野第五小学校

単元10「式と計算」

小泉　友（こいずみ　ゆう）　　　東京都立川市立幸小学校

単元11「分数」

森本　隆史（もりもと　たかし）　　筑波大学附属小学校

単元12「変わり方」

久下谷　明（くがや　あきら）　　　お茶の水女子大学附属小学校

単元14「小数のかけ算・わり算」

瀧ヶ平悠史（たきがひら　ゆうし）　北海道教育大学附属札幌小学校

単元15「立方体・直方体」

『板書で見る全単元・全時間の授業のすべて　算数　小学校 4 年下』
付録 DVD ビデオについて

・付録 DVD ビデオは，大野桂先生による「単元13　面積　第 1 時」の授業動画が収録されています。

【使用上の注意点】
・DVD ビデオは映像と音声を高密度に記録したディスクです。DVD ビデオ対応のプレイヤーで再生してください。
・ご視聴の際は周りを明るくし，画面から離れてご覧ください。
・ディスクを持つときは，再生盤面に触れないようにし，傷や汚れ等を付けないようにしてください。
・使用後は，直射日光が当たる場所等，高温・多湿になる場所を避けて保管してください。

【著作権について】
・DVD ビデオに収録されている動画は，著作権法によって守られています。
・著作権法での例外規定を除き，無断で複製することは法律で禁じられています。
・DVD ビデオに収録されている動画は，営利目的であるか否かにかかわらず，第三者への譲渡，貸与，販売，頒布，インターネット上での公開等を禁じます。

【免責事項】
・この DVD の使用によって生じた損害，障害，被害，その他いかなる事態についても弊社は一切の責任を負いかねます。

【お問い合わせについて】
・この DVD に関するお問い合わせは，次のメールアドレスでのみ受け付けます。　tyk@toyokan.co.jp
・この DVD の破損や紛失に関わるサポートは行っておりません。
・DVD プレイヤーやパソコン等の操作方法については，各製造元にお問い合わせください。

板書で見る全単元・全時間の授業のすべて
算数 小学校 4 年下
～令和 2 年度全面実施学習指導要領対応～

2020（令和 2）年 8 月23日　初版第 1 刷発行

監　　修：田中　博史
編　　著：大野　桂
企画・編集：筑波大学附属小学校算数部
発 行 者：錦織　圭之介
発 行 所：株式会社東洋館出版社
　　　　　〒113-0021　東京都文京区本駒込 5 丁目16番 7 号
　　　　　営 業 部　電話 03-3823-9206　FAX 03-3823-9208
　　　　　編 集 部　電話 03-3823-9207　FAX 03-3823-9209
　　　　　振　　替　00180-7-96823
　　　　　U　R　L　http://www.toyokan.co.jp

印刷・製本：藤原印刷株式会社

装丁デザイン：小口翔平＋岩永香穂（tobufune）
本文デザイン：藤原印刷株式会社
イラスト：木下淑子（株式会社イオック）
DVD 制作：株式会社 企画集団 創

ISBN978-4-491-04027-1　　　　　　　　　　Printed in Japan